엥케이리디온

단검처럼 빛나는 스토아의 지혜

KB191682

엥케이리디온 단검처럼 빛나는 스토아의 지혜

초판1쇄 펴냄 2025년 3월 31일

지은이 에픽테토스
옮긴이 및 해설 김재홍
펴낸이 유재건
펴낸곳 (주)그린비출판사
주소 서울시 서대문구 이화여대2길 10, 1층
대표전화 02-702-2717 | **팩스** 02-703-0272
홈페이지 www.greenbee.co.kr
원고투고 및 문의 editor@greenbee.co.kr

편집 이진희, 민승환, 문혜림, 성채현 | **디자인** 이은솔, 박예은
독자사업 류경희 | **경영관리** 장혜숙

ISBN 979-11-94513-80-7 03190

독자의 학문사변행學問思辨行을 돕는 든든한 가이드 _(주)그린비출판사

엥케이리디온

단검처럼 빛나는 스토아의 지혜

에픽테토스 지음

김재홍 옮김

그린비

일러두기

『엥케이리디온』, 『단편』에 대한 헬라스어 텍스트

* G. Boter, *The Encheiridion of Epictetus and its Three Christian Adaptations; Transmission and Critical Editions*, Leiden, 1999.

† 원칙적으로 헬라스어 원전에 충실해서 옮기되, 우리말로 매끄럽지 않을 경우에 어느 정도 의역했다.

‡ 에픽테토스가 40대나 50대 무렵에 니코폴리스로 건너가 학교를 개소했다면, 이 책의 강의실에 등장하는 에픽테토스는 가장 원숙한 나이로 50대 말에서 60대 초반쯤에 해당할 것이다. 이를 염두에 두고 번역하였다.

차례

엥케이리디온

I

우리에게 달려 있는 것과 달려 있지 않은 것
: 외적인 것들을 어떻게 다룰 것인지에 관해

제1장 ┃ 우리에게 달려 있는 것들과 우리에게 달려 있지 않은 것들에 대하여

§1. 존재하는 것들 가운데 어떤 것은 우리에게 달려 있는 것들[1]이고, 다른 어떤 것은 우리에게 달려 있는 것들이 아니다.

---

[1] 『강의』제1권 제1장도 '우리의 힘이 미치는 범위 내에 있는 것'(ta eph' hēmin) 혹은 '우리에게 달려 있는 것'에 관한 논의로부터 시작되고 있다. 이 표현은 아리스토텔레스의『니코마코스 윤리학』(제3권 제1~2장),『자연학』(제2권 제4~6장)에 그 기원을 두고 있다. 이 말(eph' hēmin; in nostra potestate/in nobis protestate)은 스토아 철학(특히 크뤼시포스)에서 '결정론과 자유'에 관한 논의 맥락에서 중요한 의미를 가진다. 스토아 초기에는 찾아볼 수 없는 에픽테토스만의 독특한 특징을 가지고 있는데, '우리에게 달려 있는 것'은 에픽테토스의 '자유' 개념과 밀접한 연결성을 가진다는 점을 특히 주목해야 한다.

우리에게 달려 있는 것들은 판단, 충동, 욕구, 회피(혐오),[2] 한마디로 말해서 우리 자신이 행하는 그러한 모든 일이다. 반면에 우리에게 달려 있지 않은 것들은 육체, 재산, 평판, 관직[3]과 같은, 한마디로 말해서 우리 자신이 행하지 않은 우리에게 달려 있지 않은 일이다.[4]

§2. 게다가 우리에게 달려 있는 것들은 본성적으로 자유롭고, 방해받지 않으며, 훼방을 받지 않지만, 우리에게 달려 있지 않은 것들은 무력하고, 노예적이고, 방해받으며, 내 것이 아닌 다른 것들에 속한다.

§3. 그러므로 다음을 명심하라. 만일 네가 본성적으로 노

---

2 믿음(판단, hupolēpsis), 충동(hormē), 욕구(orexis), 회피(혐오, ekklisis) 등은 인간의 행위 심리학과 관련된 전문적인 용어들이다. 이것들은 에픽테토스에게는 물론 스토아 철학에서도 중요한 개념이다. 혼의 운동을 일으키는 것이 '충동'이다. 욕구와 회피를 어떻게 통제하는가 하는 문제가 에픽테토스에게는 철학의 '제일 영역'에 속한다. 반면에 충동은 행위를 향하는 첫 번째 단계이다. 욕구는 목적을 선택하고, 충동은 그 목적의 실현을 지향한다. 그 영역은 적합한 행위(kathēkonta)가 된다. 철학의 '영역' 구별에 관해서는 제52장 참조.

3 헬라스어 archē의 복수인 archai는 여기서 '정치적 권력'(관직)을 뜻한다.

4 아리스토텔레스는 "우리는 우리에게 달려 있는 것, 즉 우리가 행할 수 있는 것들에 관하여 숙고한다"(『니코마코스 윤리학』 제3권 제3장 1112a30)라고 말한다.

예적인 것들을 자유로운 것[5]으로 생각하고, 또 다른 것에 속하는 것들을 너 자신의 것[6]으로 생각한다면, 너는 장애에 부딪힐 것이고, 고통을 당할 것이고, 심란(心亂)해지고, 신들과 인간들을 비난하게 될 것이다.

그러나 이와 반대로 네가 사실상 너의 것만을 너 자신의 것으로 생각하고, 또 다른 사람에게 속하는 것을 (실제로 그런 것처럼) 다른 사람에게 속하는 것으로 생각한다면, 그 누구도 어느 때고 너를 강요하지 않을 것이고, 그 누구도 너를 방해하지 않을 것이고, 너는 그 누구도 비난하지 않을 것이고, 그 누구도 힐난하지도 않을 것이고, 자의에 반해서 결코 어떤 한 가지 일이라도 행하지 않을 것이고, 그 누구도 너에게 해를 끼치지 않을 것이고, 어떤 적도 없을 것임을 기억하라.[7] 너는 해가 되는 어떤 것에도 고통을 당하지 않을 것이기 때문이다.

5 노예적인 것(doula)과 자유로운 것(eleuthera)은 에픽테토스에게는 늘 대조적으로 사용된다.
6 원어인 idia는 '다른 것[사람]들에 속하는 것들'(allotria)에 반대되는 것들을 말한다.
7 다른 사본은 '해를 […]'을 '어떤 적도 […]' 뒤에 놓고 있다.

§4. 그렇기에 네가 이토록 중대한 것들을 목표로 한다면, 너는 적절하게 힘씀으로써 그것들에 사로잡히지 않도록 해야 하지만, 어떤 것들은 전적으로 포기해야만 하고, 또 다른 어떤 것들은 당분간 미뤄 두어야만 한다는 것을 명심하는 것이 좋다.

그렇지만 네가 그 모든 것들과 더불어 관직에 오르거나 부유하기를 원한다면, 앞엣것을 구하기 때문에 나중의 것들[8]조차도 얻을 수 없을 것이고, 그것만[9]으로 자유와 행복을 가져오는 앞엣것도 전혀 얻지 못하게 될 것이다.

§5. 그러므로 너는 애초부터 모든 거친 인상[10]에 대해서는 즉시 이렇게 말하도록 훈련하는 것이 좋다. "너는 인상이지만, 어쨌든지 간에 그럴듯하게 보이는 대로인 것은 아닐 것이다." 그런 다음 네가 가지고 있는 기준[11]에 비추어

---

8 관직을 얻는 것과 부유하게 되는 것.
9 즉 자기 자신에게 달려 있는 것들.
10 자신의 고유한 좋음과 고유한 행복을 얻기 위해서는 '인상'(phantasia)에 마음이 빗가면 안 된다는 말이다. '거친'(울퉁불퉁한; tracheiai)은 외적인 인상들이 비이성적이고, 광적이고, 항상성이 결여되어 있고, 일관적이지 못하다는 것을 설명하는 말이다(심플리키우스 주석 참조).
11 가령 이성과 같은 기준.

그 인상을 음미하고 검사해야만 한다. 우선 다음의 기준으로 음미해 보자. 그것이 우리에게 달려 있는 것들에 관련되는지, 아니면 우리에게 달려 있지 않은 것들에 관련되는 것인지. 그래서 만일 그것이 우리에게 달려 있지 않은 것들 가운데 어떤 것에 관련을 맺고 있다면, 즉시 '너와는 아무런 관련이 없다'[12]는 점을 마음에 새겨 두도록 하자.[13]

12 사본에 따라 ouden pros emē(Loeb판 참조)로도 읽는다. 그렇게 읽으면 '나와는 아무런 관계가 없다'가 된다. 전체 문장을 문자적으로 그대로 옮기자면 "'나와는 아무런 관계가 없다'는 그 사실을 네 가까이에 놔두도록 하자"가 된다.

13 에픽테토스의 '우리에게 달려 있는 것들과 우리에게 달려 있지 않은 것들'에 대한 철학적 입장과 데카르트의 세 번째 도덕 격률을 비교해 보라. "내세 번째 격률은 언제나 운명보다 나 자신을 이기며, 세계의 질서를 변화시키기보다는 오히려 내 욕망을 바꾸려고 노력하는 것이었다. 또 일반적으로 우리가 완전히 지배할 수 있는 것이라고는 우리의 생각밖에 없으며, 따라서 우리의 외부에 있는 것들에 관해서 우리가 우리의 최선을 다한 후에도 성공을 거두지 못한 모든 일은 우리에게 있어 절대로 불가능하다고 믿는 습관을 붙이는 것이었다. 그리고 내가 실제로 얻을 수 없는 것을 미래에 있어서 조금도 바라지 않게 하고, 그리하여 나로 하여금 만족할 수 있게 하는 데는 이 격률만으로 충분하다고 생각되었다. […]"(데카르트, 『방법서설』, 제3부, 최명관 역, 서광사, 1983)

제2장 | 욕구, 혐오, 충동에 대하여

§1. 다음을 명심해 두는 것이 좋다. 욕구가 약속하는 것은 욕구하는 것을 얻는 것이지만, 회피가 약속하는 것은 네가 회피하고자 하는 것에 빠지지 않도록 하는 것이다. 또 욕구하는 것을 얻지 못하는 사람은 불운하지만, 회피하고자 하는 것에 빠지는 사람도 불행하다.[14]

그러므로 만일 너에게 달려 있는 것들 중에서 자연에 어긋나는 것들[15]만을 회피한다면, 네가 회피한 것들에 결코 빠지지 않을 것이다. 그러나 질병이나 죽음이나 가난을 회피하려 한다면, 너는 불행해질 것이다.

§2. 그러므로 우리에게 달려 있지 않은 모든 것들로부터 회피하는 마음을 제거하고, 오히려 그것을 우리에게 달려 있는 것들 가운데 자연에 어긋나는 것들 쪽으로 돌리도록

---

14 불운(atuchēs)과 불행(dustuchēs)의 차이를 주목해야 한다.

15 스토아 철학에 따르면, 인간적 혹은 부분적인 관점에서 보면 '질병, 죽음, 가난'은 자연스럽지 못한 것이다. 그러나 전체적 관점에서 보면 '우주적 자연'과 일치한다. 왜냐하면 우리의 자연 본성은 전체(우주) 자연의 부분이기 때문이다. 따라서 질병, 죽음, 가난과 우리에게 달려 있지 않은 것들은 '자연에 어긋나는 것들'(ta para phusin)이 아니다. 자연과 일치하지 않고 어긋나게 사는 것은 인간을 불행하게 만든다.

하여라.

그런데 당분간[16] 욕구를 완전하게 억제하도록 하라. 왜냐하면 만일 네가 우리에게 달려 있지 않은 것들 가운데 어떤 것을 원하다면, 너는 반드시 불행해질 것이고, 우리에게 달려 있는 것들에 대해서는, 비록 그것들을 욕구하는 것이 좋을지라도, 아직 네 손에 잡히지 않을 것이기 때문이다. 그래서 사물을 향하는 충동과 충동에 대한 거부(반발)를, 단지 가뿐하게, 또 유보적으로, 거리낌 없는 방식으로만 사용하도록 하라.[17]

제3장 ǀ 사물의 본질에 대하여 생각하라

너의 혼을 끌어당기는 것들이나, 유용한 것들이나, 소중한

---

16 이 표현(epi tou parontos)은 다른 훈계들과 마찬가지로 학생이나 철학 초심자들에게 건네지는 전형적 어법이다.

17 이 말은 사안에 따라 욕구를 일으키는 충동과 그에 대한 거부를 적절히 사용하라는 것이다. 이에 대해서는 『에픽테토스 강의 1·2』(그린비, 2023)에 있는 '해제' 참조. 욕구는 충동이 없이는 일어날 수 없다. 충동이 없다면 생명이 없는 것이다. 욕구와 혐오는 우리에게 달려 있는 것에만 해당해야 한다. 그렇지 않으면 우리는 불행에 빠질 수밖에 없다.

것들[18] 각각에 대하여, 사소한 것들로부터 시작해서 그것이 어떤 종류의 것인지를 숙고해야 한다는[19] 것을 기억하라. 만일 네가 항아리[20]를 좋아한다면, '나는 항아리를 좋아해'라고 말하라. 설령 그것이 깨진다고 해도, 너는 심란해하지 않을 것이기 때문이다. 만일 네가 너의 자식이나 마누라에게 입을 맞춘다고 한다면, 너는 한 인간[21]에게 입을 맞추고 있다고 너 자신에게 말하라. '그것'이 죽었을 때, 너는 심란해하지 않을 테니까.[22]

제4장 | 짜증을 피하고 몸가짐을 바로 하라

네가 바야흐로 무슨 일을 시작하려 할 때, 그 일이 어떤 종

---

18 에픽테토스는 우리에게 달려 있지 않은 것들 가운데도 사용할 필요가 있는 것들을 세 가지로 구분하고 있다. 그는 여기서 이것들에 대처하는 방법을 가르치고 있다. 즉 어떤 유익함도 주지 않는 '즐거움'을 주는 것, 유익한 것이거나 유용한 것, 유용성은 주지 않지만 친숙성으로 해서 호감을 주는 것. 하지만 이 세 가지 것이 우리에게 필요한 것이지만, 혼에 불쾌감을 심어 줄 수 있다(심플리키우스 해당 주석 참조; 플라톤, 『파이돈』 82d 참조).

19 즉 그 본질이 어떤 것인지를 '숙고한다'(epilegein)는 의미이다.

20 손잡이가 달린 것으로 화분, 주전자와 비슷한 모양을 한 것.

21 헬라스어의 '인간'이란 말은 '죽을 수밖에 없는 존재'임을 의미한다.

22 제4권 제24장 85절 참조.

류의 것인지를 너 자신에게 상기시켜라. 만일 네가 목욕을 하기 위해 나서려고 한다면, 공중목욕탕에서 일어날 것들을 너 자신에게 미리 내놓아 보라.[23] 즉, 물을 튀기는 사람들, 몸을 부딪치는 사람들, 헐뜯는 사람들, 훔치는 사람들이 있다. 이와 같이 애초부터 너 자신에게 "나는 목욕하기를 원하며, 또 자연에 따르는 나 자신의 '의지'[24]를 유지하기 원한다"고 말한다면, 더 안전하게 그 일을 착수할 수 있을 것이다. 어떤 일이든지 이와 마찬가지로 해야 한다. 그러한 방식으로 목욕을 하려는데 너를 방해하는 어떤 일이 일어난다면, "그래 나는 단지 목욕만을 원했던 것이 아니다. 오히려 자신의 의지를 자연에 맞게 유지하기를 원했어. 하지만 내게 일어나는 일에 대해서 짜증을 낸다면, 나는 이를 유지

5

10

23 즉 머릿속에 그려 보라.
24 프로하이레시스에 관해서는 『에픽테토스 강의 1·2』의 '해제'를 참조. 일단 여기서는 '의지'라 옮겼지만, 적합한 번역어가 아니다. 이쯤에서는 이해하는 데 있어 큰 문제가 되지 않을 수 있다. 한 걸음 더 나아가게 되면, 에픽테토스가 사용하는 프로하이레시스란 말은 나의 정체성을 이루는 '자아'를 넘어 인간의 '도덕적 결단'까지도 의미하는 말이다. 설령 육체가 감옥에 갇히고, 두 발이 사슬에 묶여 있어도, 내 프로하이레시스는 제우스조차 '어쩔 수 없는 것', '정복할 수 없는 것'이다(제1권 제1장 23~24절).

할 수 없을 것이야"라는 말이 준비되어 있어야 한다.

제5장 | 일 자체와 그 일에 대한 믿음은 같은 것이 아니다

(5a) 사람들을 심란하게 하는 것은 그 사안 자체가 아니라, 그 사안에 대한 그들의 판단[25]이다. 예를 들어, 죽음은 전혀 두려운 것이 아니다. 그렇지 않다면 소크라테스에게도 역시 그렇게 여겨졌을 것이지만, 죽음에 관한 믿음, 즉 두렵다는 것, 바로 이것이 두렵기 때문이다.[26] 그렇기 때문에 우리가 방해를 받거나 심란하거나 슬픔을 당할 때에도 결코 다른 사람을 탓하지 말고, 나 자신을, 즉 나 자신의 판단을 탓해야만 한다.

(5b) 자신의 일이 잘못됐다고 다른 사람을 비난하는 것

---

25 혹은 생각.

26 (1) 자연스럽게 두려운 것은 모든 사람에게 두려운 것이다. 뜨겁거나 차갑거나 한 것은 자연스럽게 모든 사람에게 그렇게 생각되듯이. 특히 자연스러운 상태에 있는 사람이나 더 지성적인 사람에게는 그렇다. 하지만 (2) 죽음은 모든 사람에게 두려운 것으로 생각되지 않았다. 소크라테스는 죽음을 두려워하지 않았다. 그는 죽음을 피할 수 있는 능력을 가지고 있었지만, 심란하지 않은 채 죽음을 견뎌 냈다. 그는 혼의 진리를 친구들에게 보여 주며 온 인생을 지냈고, 그들에게 철학자들의 정결한 삶의 본질을 가르쳤다(플라톤, 『파이돈』 참조). 그러므로 (3) 죽음은 그 본성상 두려운 것이 아니다.

은 교육받지 못한 사람의 일이다. 자신을 비난하는 것은 교육을 막 시작한 사람의 일이다. 다른 사람도, 자기 자신도 비난하지 않는 것은 교육받은 사람의 일이다.

제6장 | 참된 자만심을 가져라

너 자신의 것이 아닌 뛰어난 점 때문에 의기양양하지 말라. 만일 한 마리의 말(馬)이 의기양양하면서 "나는 아름답다"라고 말했다면, 감내(堪耐)할 수 있었을 것이다. 그러나 네가 의기양양하면서 "나는 아름다운 말을 가지고 있다"라고 말하면, 너는 말의 좋음에 대하여 의기양양하고 있음을 알아라.

그렇다면 너 자신의 것은 무엇인가? 인상들의 사용이다.[27] 그러므로 네가 인상들의 사용에서 자연 본성에 따르 5

---

27 '너 자신의 것'이란 곧 프로하이레시스(의지)이고, 이것은 외적 '인상의 사용'을 책임지는 것이다. 감각이나 지각에 관련해서 에픽테토스가 자주 쓰는 기술적 언어가 인상이다. 이 책에서는 특별한 제약조건이 없는 한 '인상'으로 옮겼다. 에픽테토스가 맥락에 따라 그 말의 의미의 폭을 넓게 사용하고 있어서 정말 번역하기 까다로운 말이다. 단순한 '현상'(appearance)이 아니다. 일단은 '의식'에 제기되는 모든 감각 현상을 말한다. 그것은 가장 단순한 '감각'(aisthēsis)으로부터 시작해서, 생각과 기억에 의해 파

고 있을 때, 바로 그때야말로 너는 의기양양할 수 있을 것이다. 왜냐하면 그때에서야 너 자신의 어떤 좋음으로 의기양양할 수 있을 테니까.

제7장 | 선장의 부름

항해하는 도중 배가 항구에 들어섰을 때, 네가 물을 구하기 위해 상륙했다면, 가는 그 길에서 부수적으로 조개나 알줄기[28][구경(球莖)]를 주울 수도 있을 것이다. 그러나 너는 배를 주목해야만 할 것이고, 또 지속적으로 선장이 부르지는 않는지 되돌아봐야만 한다. 그리고 만일 선장이 불렀다면 양들처럼 묶여 배 안으로 내팽개쳐지는 일이 없도록 가진 모든 것을 내던져야만 한다.

5   인생도 이와 마찬가지다. 만일 작은 알줄기와 작은 조개 대신에 너에게 마누라와 아이가 주어졌다고 해도 아무런

악되는 '표상'을 지시하기도 하고, 심지어는 정신에 제기된 그리고 승인 (sunkatathesis)에 의해 채택된 보다 '복잡한 표상'일 수도 있다. 따라서 판타시아는 정신적 행위의 전 영역을 포괄하고, 그 정확한 의미는 맥락에 따라 결정될 수밖에 없다.

28 헬라스인들은 오늘날 우리가 다양한 종류의 초록 식물들을 먹는 것처럼 다양한 종류의 알줄기 식물들을 먹었다고 한다.

장애가 되지 않을 것이다. 그저, 선장이 부른다면 이 모든 것들을 버리고 뒤돌아보지도 말고 배를 향해 달려가야만 한다. 만일 네가 늙었다면, 그때는 그가 부를 때 놓치지 않도록 배로부터 지나치게 멀리 떨어져서는 안 될 것이다.[29]

제8장 | 네 의지대로 되는 일은 없다

세상에서 일어나는 일들이 네가 바라는 대로 일어나기를 바라서는 안 되며, 오히려 일어나는 일들이 실제로 일어나는 대로 일어나기를 바라는 게 낫다. 그러면 너는 행복해질 수 있을 것이다.[30]

29 에픽테토스는 세상사에 대한 하나의 적절한 비유를 도입한다. 여기서 '바다'는 모든 변화를 일으키는 '생성의 영역'을, '배'는 운명이라 부르든 다른 어떤 이름으로 부르든 간에 혼을 생성의 영역으로 이끄는 것을, 선장은 자연의 섭리(pronoia) 혹은 신에 대한 유비로 사용되고, 배의 '정박'은 적절한 장소, 국가, 가정에 혼의 정착을, 그리고 물을 구하기 위한 '상륙'은 삶에 필요한 것을 구하는 것, 즉 그것이 없으면 삶을 영위하기 힘든 것으로, 또 부수적으로 '얻는 것'은 마누라, 아이들, 소유물과 같은 우리 자신의 좋음이나 일차적으로 선택하는 것이 아닌 것(우리의 일차적인 좋음은 선장에 주목하고 선장에게 돌아가는 것일 테니까)으로 비유되었다. '신에게로의 귀향'이 우리 자신의 좋음일 테니까!(심플리키우스 주석 참조)

30 "모든 것이 잘 되어 갈 것이다"로 번역할 수 있다. euroein은 '잘 되어 가다'(to flow well)를 의미하지만, 경우에 따라서(1.1.22)는 '행복하다'를 의

질병은 육체에 방해가 되는 것이지만, 의지[31] 자체가 그렇게 되기를 원하지 않는다면 의지에 대해서 방해가 되지 않는다. 절름발이는 다리에 대해서 방해가 되는 것이지만, 의지에 대해서는 방해가 되지 않는다. 그리고 너에게 일어나는 어떤 일에 대해서도 '이것을' 너 자신에게 말하라.[32] 왜

미한다. '어떤 목적으로 그것을 배우는 것이냐? 노예여, 행복하게 하기 (euroein) 위해서가 아닌가? 평온하게 살기 위해서가 아닌가? 자연의 본성에 따라 살아가기 위해서가 아닌가?'(3.10.10) '노예'(andrapodon)란 표현은 에픽테토스가 학생들을 부를 때, 상투적으로 사용하는 말이다. 게다가 제논에게서 그 말은 '인생의 번영'(euroia)을 의미하는데, 곧 행복을 말한다(SVF 제1권 p. 184). 에픽테토스에게 있어서 ataraxia(평정), aphobia(두려움 없음), eleutheria(자유), apatheia(정념으로부터 벗어남), 평온함(to euroun) 등은 모두 행복(euroia; eudaimonia)을 특징짓는 징표들이다(1.4.3 참조).

31 앞서 밝힌 바처럼, 번역하기 매우 까다로운 말로 에픽테토스가 자신에게 독특한 고유한 의미로 사용하고 있다. 위로는 아리스토텔레스와 크뤼시포스도 이 말을 전문적 용어로 사용했다. 에픽테토스의 경우에는 도덕적 품성, 의지(will), 결의, 자아(self) 등이나 '결단의 주체'로도 옮길 수 있는 말이다. 이 전문용어는 앞서 제1장의 '우리에게 달려 있는 것'과 개념적으로 밀접한 논리적 관련성을 가지는 말이다. 『에픽테토스 강의 1·2』 '해제' 참조.

32 일차적인 의미는 일에 관련된 것을 '말하는 것'이다. 나아가 육체에 방해되는 것이지만, 자신 즉 의지(프로하이레시스)에는 방해가 되지 않는다는 것을 곰곰이 '생각해 보라'는 것으로 이해할 수 있다.

냐하면 너는 어떤 다른 것에 대해서 방해가 된다고 해도, 너 자신에게는 방해가 되지 않는다는 것을 알 수 있을 테니까.

제10장 | 너 자신의 내면세계를 탐구하라

너에게 일어나는 각각의 것에 대해서, 너 자신을 향해 돌아서야 한다는 것을 기억하고, 그것에 대해서 사용할 수 있는 어떤 힘을 갖고 있는지를 탐구하라. 네가 아름다운 소년이나 소녀를 본다면, 너는 그것에 대해 사용할 수 있는 힘인 자제력을 찾을 것이다.[33] 만일 힘든 일이 지워졌다면, 너는 인내심을 찾을 것이다. 욕먹을 일이 있으면, 참을성을 찾을 것이다. 그래서 네가 이런 식으로 습관을 들이게 되면 인상들이 너를 휩쓸어 가지 못할 것이다.

제11장 | 무관심하게 세상의 것을 대하라

어떤 것에 대해서도 결코 "그것을 잃어버렸다"라고 말하지

5

---

[33] 성인을 두고 하는 말이 아니다. 아직 교육받는 중에 있는 젊디젊은 사람을 두고 하는 말이다. 젊은 시절에는 이성이 감정을 충분하게 통제하지 못한다. 교육을 통해 습성을 들이면 절제(sōphrosunē)의 덕에 이르게 되고, 완전히 교육받은 사람은 이성을 통해 감정을 완전히 통제하기 마련이다.

말고, 오히려 "그것을 되돌려 주었다"라고 말하라.

자식이 죽었는가? 되돌려 주었다. 마누라가 죽었는가? 되돌려 주었다. 땅을 빼앗겼느냐? 그래, 그것 또한 되돌려 준 것이다.

"그러나 빼앗아 간 자는 나쁜 사람이다." 누군가를 통해서 그것을 준 사람이 너에게 되돌려 달라고 요청한 것이니, 너에게 그것이 무슨 상관일 수 있겠느냐? 그것들이 너에게 주어진 한에 있어서만, 마치 나그네가 여인숙에 대해 돌보는 것처럼, 그것들을 다른 사람들에게 속하는 것인 양 돌보아라.

제12장 | 무관심과 마음의 평정을 유지하라

§1. 만일 네가 앞으로 진전되어 나아가기를 원한다면[34] 다음과 같은 생각들[35]을 버려라.

"나 자신의 일들을 돌보지 않는다면, 먹고살 아무것도 갖

---

34 그 의미를 새기자면, '도덕적으로 진보하기(도덕적 함양)를 원한다면'이 될 것이다.

35 원어로는 epilogismous이다. 스토아 철학자 크뤼시포스는 epilogismous를 '일반적으로 받아들여지는 추론'이란 의미로 사용한다.

지 못할 터이지."

"내가 어린 노예를 벌하지 않는다면, 그 아이는 버릇이 나빠지겠지."

왜냐하면 심란한 마음 상태에서 풍족하게 사느니보다는 차라리 고통과 두려움에서 벗어나 지낸 후에, 굶어서 죽는 편이 더 낫기 때문이다. 또한 네가 불행[36]해지는 것보다 어린 노예가 버릇이 나빠지는 편이 더 낫기 때문이다.

§2. 그러니 사소한 일부터 시작하라. 올리브기름이 엎질러지고, 포도주를 도둑맞았다. 다음과 같이 생각하라.

"이것은 정념으로부터 벗어남을 사기 위해서 치러야 할 그만한 값이고, 이것은 마음의 평정[37]을 사기 위해 치러야 할 그만한 값인 것이다. 값을 치르지 않고는 아무것도 얻을

---

[36] 원어 kakodaimonia는 eudaimonia(행복)에 대응되는 말. 'kaka(bad)-'와 'eu(good)-'는 반대의 의미를 가진다.

[37] 아파테이아(apatheia)는 외부의 그 어떤 것에도 아무런 겪음(pathos)을 겪지 않는 마음의 상태를 말하고, 아타락시아는 심란하지 않는 마음의 상태, 즉 평정심(ataraxia, tranquillitas)을 말한다. 이 두 전문 용어는 헬레니즘 시기의 모든 철학 유파에 해당하는 중요한 철학적 개념이다. 이에 대해서는 『에픽테토스 강의 1·2』'해제'를 참조.

수 없다."[38]

그리고 어린 노예를 부를 때에는 그 아이가 대답하지 않을 수도 있다는 것을 마음에 담아 두도록 해라. 혹은 대답하고 있을 때에도 네가 원하는 것들을 전혀 하지 않을 수 있다는 것을 마음에 새겨 두어라. 그러나 너의 심란해지지 않는 마음[39]이 그에게 달려 있을 만큼 그는 그렇게 좋은 상태에 있지 않다.[40]

제13장 | 자연에 따르는 삶을 살라

만일 네가 진전되어 나아가기를 바란다면,[41] 외적인 것들[42]

---

38 보다 중요한 지속적인 마음의 평화와 자유를 누리기 위해서는 '외적인 것'을 그 대가로 지불해야만 한다는 의미이다. 이는 마치 '황금을 위해 청동을 내놓는 것'(호메로스, 『일리아스』 제6권 236행)과 동일한 거래인 셈이다.

39 즉 마음의 평정.

40 만일 그렇다면, 노예 주인의 마음의 평정이 주인 자신이 아니라 노예의 행동에 의존한다면, 노예는 훌륭한(kalōs) 상태에 있어야 할 것이다.

41 제12장 첫머리 참조. 동일한 표현을 사용하고 있다.

42 제1장 4절 참조. '우리에게 달려 있지 않은 것'을 말한다. 즉 돈, 재물, 평판 같은 것들. 아리스토텔레스도 『니코마코스 윤리학』 제1권 제8장에서 '외적인 좋음'(ektos agatos)이란 표현으로 좋은 태생, 축복받은 자식, 준수한 용모 등을 언급한다. 물론 아리스토텔레스는 제1권에서 외적인 좋음도 행복을 위해 추가적으로 요청된다고 말한다.

에 대해서는 무감각하고[43] 어리석게 보이도록 그대로 머물러 있어야만 한다.

어떤 알고 있다고 여겨지는 것을 원하지 말라. 만일 누군가가 너를 뭔가 있는 사람[44]으로 여긴다면, 너 자신을 믿지 말라. 왜냐하면 자연에 따라서[45] 너 자신의 의지를 유지하면서, 또 그와 동시에 외적인 것들을 유지한다는 것은 쉽지 않다는 점을 알아야만 하기 때문이다. 그러나 한쪽에 대해 돌보는 사람은 다른 쪽에 대해서는 반드시 돌보지 않아야만 한다.

제14장 | 너 자신에게 달려 있는 것만을 바라라

(14a) 너의 아이들과 마누라, 또 친구들이 전부 다[46] 살기를 원한다면, 너는 어리석은 것이다. 왜냐하면 너에게 달려 있지 않은 것들을 너에게 달려 있게 되기를 바라는 것이고, 또 다른 사람에게 속하는 것들을 너에게 속하는 것이기를 바

---

43 '미련하고'로 옮길 수도 있다.

44 '굉장한 사람'쯤으로.

45 '자연에 일치해서'(kata phusin).

46 어떤 사본은 pantote(늘, 영원히)로 읽는다.

라는 것이기 때문이다. 이와 같은 방식으로 노예 소년이 잘 못을 저지르지 않기를 바란다면, 너는 어리석은 것이다. 왜냐하면 너는 나쁨이 나쁨이지 않기를 바라는 것이고, 오히려 다른 어떤 것이기를 바라는 것이기 때문이다. 그러나 만일 네가 욕구하는 것을 얻는 데 실패하지 않기를 바란다면, 그것은 성취 가능할 것이다. 그러므로 너는 성취 가능한 것에 노력을 기울여야 한다.

(14b) 사람이 원하거나 원하지 않는 것에 대해서 그것을 확보하거나 또는 빼앗을 수 있는 힘을 가진 자는 그 사람의 주인이다. 그러므로 자유롭게 되고자 원하는 사람은 누구든지 다른 사람에게 달려 있는 것을 원하거나 회피하지 않는 것이 좋다. 그렇게 하지 않는다면 반드시 노예의 신세를 면하지 못할 것이다.

제15장 | 네 차례가 올 때까지 기다려라

연회에 참석하고 있는 것처럼 행동해야 한다는 것을 명심하라. 무언가가 돌아다니다가 너의 자리에 올 때, 손을 뻗어서 예를 바르게[47] 몫을 취하라. 그것이 지나가는가, 붙들지 말라. 아직 오지 않았는가, 그것을 향해 너의 욕구를 내놓지 말라. 오히려 너의 자리에 올 때까지 기다려라.

너의 아이에 대해서도, 마누라에 대해서도, 관직에 대해서도, 부(富)에 대해서도 마찬가지로 행동하라. 그러다 보면 너는 언젠가 신들의 연회에 함께하기에 적합한 사람이 될 것이다. 그러나 그것들이 네 앞에 놓였을 때조차도 이런 것들을 취하지 않고 경멸한다면, 그때에는 신들의 연회를 함께할 뿐만 아니라, 또한 그들과 함께 지배하는 자가 될 것이다. 왜냐하면 이렇게 행동함으로써 디오게네스[48]와 헤라클레이토스,[49] 또 그들과 비슷한 사람들이 마땅히 신들과

5

---

47 원어는 kosmiōs('점잖게', '절도 있게', '예의 바르게')이다.

48 알렉산드로스 대왕이 디오게네스에게 '무엇을 원하는가?'라고 물었다. 해바라기하고 있던 디오게네스는 '해를 가로막지 마소!'라고 대답했다. 디오게네스의 인품에 감동받은 대왕은 '가능할 수 있다면 디오게네스가 되게 해 주고, 가능하지 않다면 그냥 알렉산드로스로 남아 있게 해 달라'고 기도했다고 한다. "만약 내가 알렉산드로스가 아니었다면, 디오게네스이기를 바랐을 텐데."(『유명한 철학자들의 생애와 사상』제6권 32)

49 현자로 소문난 헤라클레이토스를 만나기 위해 방문한 사람들이 헤라클레이토스가 부엌의 화덕 가에 쪼그리고 앉아 불을 쬐고 있는 것을 보고 깜짝 놀라 엉거주춤했다고 한다. 그러자 헤라클레이토스는 "들어오시오. 여

같이 되었고 또 그렇게 불리게 되었기 때문이다.

제16장 ┃ 공감하라, 그러나 내면적으로는 비통해하지 말라

자신의 아이가 집을 멀리 떠났기 때문에 혹은 자신의 소유물을 잃어버렸기 때문에, 누군가가 슬픔에 빠져 우는 것을 보면, 그 사람이 외적인 나쁜 일에 빠져 있다는 인상에 사로잡히지 않도록 주의하라. 오히려 너는 즉시 다음과 같이 말할 수 있도록 하라. "이 사람을 비탄에 잠기게[50] 한 것은 일어났던 일이 아니라(그 일이 다른 사람을 비탄에 잠기게 하지는 않으니까), 그것들에 대한 그의 판단이다."

그렇지만 위로의 말을 건네는 한에 있어서는 그에게 동정을 표시하는 데 주저하지 마라. 만일 그러한 일이 일어났다면 그와 함께 비통해하라. 그러나 너는 내면적으로는 애통해하지 않도록 주의하라.

기에도 또한 신들이 있소이다"라는 말을 건넸다고 한다(아리스토텔레스, 『동물의 부분들』 제1권 제5장, 645a17~23).

50 '움츠러들게'.

제17장 | 인간은 배우에 불과하다는 것을 기억하라

너는 극작가의 바람[51]에 의해서 결정된 그러한 인물인 연극에서의 배우라는 것을 기억하라.[52] 그가 짧기를 바란다면 그 연극은 짧고, 길기를 바란다면 그 연극은 길다. 그가 너에게 거지의 구실을 하기를 원한다면, 이 구실조차도 또한 능숙하게 연기해야 한다는 것을 기억하라. 그가 절름발이를, 공직자를, 평범한 사람의 구실을 하기를 원한다고 해도 이와 마찬가지이다. 왜냐하면 이것이 해야만 하는 너의 일인지라, 너에게 할당된 그 역할을 훌륭하게 연기하는 것이지만, 어떤 역할을 선택하는 것은 다른 사람[53]의 일이기 때문이다.

5

제18장 | 징조에 대하여

까마귀가 깍깍대며 상서롭게 울었다고, 인상이 네 마음을

---

51 자연, 혹은 신의 뜻을 가리킨다.
52 신은 연출가이며 동시에 극작가이다. 인간은 배우로서 세상에서 부여된 적합한 역할을 수행하는 존재다. 인생을 연극에 비교하는 것에 대해서는 마르쿠스 아우렐리우스, 『자기 자신에게 이르는 길』 제12권 36 참조.
53 원어인 allos는 '신'을 가리키는 표현이다(1.25.13 참조).

빼앗지 않도록 하라. 오히려 즉시 마음속으로 분별을 하고 다음과 같이 말하라.

"이것들 중 어떤 것도 나에게 아무런 조짐을 보이지[54] 않 았고, 오히려 내 보잘것없는 육신이나 혹은 하찮은 재산, 내 평판이나 내 아이들이나 마누라에 대해 무언가를 말하고 있는 것이다. 그러나 내가 그러기를 바란다면, 나에게 그 모 든 것은 상서로운 조짐을 알리고 있는 셈이다. 왜냐하면 그 런 조짐[55] 중에 어떤 것이 일어나든지 간에, 그것으로부터 이득을 얻는 것은 나에게 달려 있기 때문이다."

제19장 | 자유에로의 길

(19a) 그 승리가 너에게 달려 있지 않은[56] 싸움을 벌이지 않 는다면, 너는 패배당할 수 없을 것이다.

(19b) 명예를 누리고 있다거나, 큰 권력을 가지고 있다거 나, 다른 평판이 좋은 누군가를 보고, 그 인상에 마음을 빼 앗기고 행복한 사람이라고 축복하는 일이 없도록 조심하

---

54 많은 사본에 따라, epismainetai(징후를 보이다)로 새겼다.
55 즉 까마귀가 우는 소리.
56 즉 너의 힘으로는 이길 가망이 없는.

라. 왜냐하면 좋음의 본질이 우리에게 달려 있다고 한다면, 시기와 시샘이 들어갈 여지가 없기 때문이다. 또 너 자신은 장군이나 원로원 의원이나 혹은 집정관이 되고 싶은 것이 아니라, 오히려 자유인이 되고 싶은 것이 아닌가. 자유에 이르는 단 하나의 길이 있는데, 그것은 우리에게 달려 있지 않은 것들을 경멸하는 것이다.

제20장 ∣ 외적 인상에 무감각하라

너를 욕하는 것은 네게 욕을 퍼붓는 사람이나 때리는 사람이 아니라, 그들이 모욕하고 있다는 너의 판단이라는 걸 기억하라. 그러므로 누군가가 너를 화나게 했다면, 너의 생각이 너를 화나게 했다는 것임을 알라.

　그래서 먼저 인상에 의해 마음을 빼앗기지 않도록 노력하라. 왜냐하면 일단 시간을 벌어 늦춘다면, 너는 손쉽게 너 자신을 물리칠 것이기 때문이다.

제21장 ∣ 죽음에 대한 생각을 늘 유지하라

죽음, 추방, 그 밖의 온갖 무시무시한 일들을 날마다 네 눈앞에 떠올리도록 하라. 모든 것들 중에서 특히 죽음을 생각하라. 그러면 결코 그 어떤 비참한 생각을 하거나, 무언가를 지나치게 욕구하지 않게 될 것이다.

철학을 공부하는 과정에 있는 학생들에 대한 충고

제22장 ㅣ 바른 원칙에 충실하라

만일 네가 철학에 뜻을 두려면, 당장 그때부터 비웃음을 당하거나, 대중의 조롱을 받거나, 그리고 "모르는 사이에 저 친구가 철학자가 되어 버렸네" 또는 "저 친구가 저 이마[57]를 어디서 얻었지?"라는 말을 들을 각오를 해야 한다.

너는 높은 이마를 갖지 말라. 오히려 신에 의해서 그 자리에 바르게 놓인 사람으로서, 너에게 최선으로 생각되는 것들[58]을 유지하도록 하라. 만일 네가 동일한 원칙으로 머

5

---

57 원어인 hautē hē ophrus라는 말은 '이마가 높고 넓다'라는 말이니, 곧 '철학자나 된 양 으스댄다'는 의미이다. 그래서 '높은 이마'를 갖지 말라고 충고하는 것이다.

58 원칙.

물러 있다가 보면, 처음에 너를 비웃던 사람들이 나중에는 너를 찬탄해 마지않을 테지만, 네가 그것을 유지하지 못하면, 너는 이중으로 비웃음을 사게 되리라는 것을 기억하도록 하라.[59]

제23장 ㅣ 모든 것에 철학자인 것으로 만족하라

만일 누군가의 호감을 얻고 싶은 마음에서 네가 외적인 것들로 마음을 돌릴 때가 한 번이라도 있다고 하면, 그 계획[60]은 이미 망쳤다는 것을 아는 것이 좋다.

그러므로 어떤 경우에도 철학자가 되는 것으로 만족하라. 그리고 철학자로 생각되려면 스스로 그렇게 생각하도록 해야 하고, 너는 충분히 그렇게 될 수 있을 것이다.[61]

제24장 ㅣ 너의 능력에 맞는 자리를 차지하라

§1. 다음과 같은 생각에 사로잡히지 않도록 하라. "자신은

---

59 철학하는 일도 신이 지시하는 것으로 생각하고(플라톤, 『변명』 28e), 철학은 신이 준 최고의 선물이라는 것이다(플라톤, 『티마이오스』 47a1~3).
60 '철학적 성향'(enstasis) 내재는 '철학하는 삶의 방식'.
61 '그것으로 충분할 것이다.'

명예도 없고, 어디에서도 아무것도 아닌 자로 살게 될 것이다." 왜냐하면 명예가 없는 것이 [사실상] 나쁜 것이라고 할지라도, 네가 부끄러운 상태에 있을 수 있는 것 이상으로 네가 다른 사람 때문에 나쁜 상태에 있을 수는 없을 것이기 때문이다.[62]

도대체 관직을 얻는 것이라든지, 혹은 연회에 초대받는 것이 자네와 무슨 관련이 있다는 것인가? 결코 아니다. 그렇다면 어떻게 그것이[63] 너의 불명예이겠는가? 단지 너에게 달려 있는 것들에서만 반드시 있어야 하는 한 사람일 것이고, 그것들에서만 가장 큰 가치 있는 사람이 될 수 있다

5

---

62 논리적으로 이해하기 고약한 장이다. (1) 사람은 다른 사람 때문에 부끄러운 상태에 있을 수 없다. (2) 부끄러운 상태가 다른 사람 때문이 아닌 것과 마찬가지로 다른 사람 때문에 나쁜 상태에 있을 수 없다. 따라서 (3) 다른 사람 때문에 나쁜 상태에 있는 것이 가능하지 않다. 이것은 부끄러운 상태에 적용되는 것이 아닌 것과 마찬가지로 나쁜 상태에도 적용되지 않으니까. 나쁨 또한 부끄러움과 마찬가지로 우리에게 달려 있는 것이 아니다. 요컨대, 각자는 전적으로 자신의 prohairesis(의지)에 따라 좋음과 나쁨에 대해 책임을 지고 있다. 그런데 '명예가 있고 없음'은 자신에게 달려 있는 것이 아니다. 왜냐하면 그것들은 다른 사람에게 달려 있기 때문이다. 그러므로 명예가 없다는 것은 나쁜 것일 수 없고, 자신과는 무관한 어떤 것이어야만 한다.

63 관직을 얻지 못하고, 연회에 초대받지 못하는 일.

면, 어찌 네가 어디서나 아무것도 아닌 자일 수 있겠는가?

§2. 그러나, 그렇다면 친구들은 내게서 도움을 받지 못할 겁니다? '도움을 받지 못한다는 것'이 무엇을 의미하는가?[64] 그들은 너에게서 적은 돈을 받지도 못할 것이고, 또한 너는 그들을 로마의 시민으로 만들어 주지도 못할 것이다. 그렇다면 누가 자네에게 이런 일들이 우리에게 달려 있는 것들 중의 하나이지, 다른 것에 관계되는 것이 아니라고 말했는가? 누가 자기 자신이 가지고 있지 않은 것을 다른 사람에게 줄 수 있단 말인가?

§3. "그러면, 우리가 또한 그것을 가질 수 있도록 돈을 벌어라"라고 누군가가 말한다. 만일 나 자신이 겸손하고, 신뢰할 수 있으며, 고결함을 유지하면서도 돈을 벌 수 있다면, 나에게 그 길을 보여 주라. 그러면 나는 돈을 벌 것이다. 그러나 만일 자네가 좋음이 아닌 것을 얻기 위하여, 나 자신의 좋음을 버릴 것을 요구한다면, 네 자신이 얼마나 공정하지도 못하고, 분별이 없는지를 알게 될 것이다. 도대체 너는 어느 쪽을 원하는가? 돈인가, 아니면 신뢰할 수 있고 자존

---

64 에픽테토스에게 누군가가 의문을 던지는 대화 형식이다.

감을 지닌 친구인가? 그렇다면 제발 후자를 위해서 오히려 나를 도우라. 바로 이런 것들을 잃는 원인이 될 만한 것들을 굳이 하라고 나에게 요구하지 말라.

§4. "그러나 내 힘이 닿는 한, 조국은 내게서 받아야 할 도움을 얻지 못할 것입니다"라고 누군가는 말한다. 다시 한번 묻자. 도대체 자네는 어떤 종류의 도움을 말하는 것인가? 너를 통해[65] 스토아 건물[66]이나 목욕탕을 얻을 수 없을 것이다. 이것이 무엇을 뜻하는가?[67] 신발은 대장장이에게서는 얻을 수 없고, 병장기는 구두장이에게서 얻을 수 없기 때문에, 오히려 각자가 자신의 고유한 일을 완전히 수행해 내면 그것으로 충분하다. 만일 자네가 조국을 위해 다른 사람을 신뢰할 수 있으며 자존감 있는 시민으로 만든다면, 그 일이 조국에 아무런 도움이 되지 않을 것인가? '도움이 될 것입니다.' 따라서 너 자신도 조국을 위해 아무런 쓸모가 없는 것이 아닐 것이다.

§5. "그럼, 나는 국가에서 어떤 자리를 차지하게 될까

---

65 너의 노력으로.
66 스토아는 주랑(柱廊) 건물을 가리킨다.
67 즉 그래서 어떻다는 말인가?

요?"라고 누군가가 말한다. 자네가 동시에 신뢰할 수 있으며, 자존감 있는 사람으로 남을 수 있다면, 자네가 차지할 수 있는 어떤 자리라도 가능할 것이다. 그러나 국가에 도움이 되고 싶어도 그런 성품들을 잃어버린다면, 나중에 가서 네가 자존감도 없고 신뢰할 수도 없는 사람임이 드러나게 되었을 때, 어떻게 국가에 도움이 될 수 있겠는가?

제25장 | 칭찬을 하고 명예를 얻는 것보다 더 중요한 것이 있다

§1. 만일 연회 초대에서, 인사받는 자리에서, 조언을 구하는 데에서 누군가가 너보다 영예를 더 받았다면, 또 그것들이 좋은 것이라고 한다면, 그 사람이 영예를 받은 것으로 너는 기뻐해야만 하지만, 그것들이 나쁜 것이라고 한다면 그것들을 받지 않은 것이니, 슬퍼하지 말라. 만일 우리에게 달려 있지 않은 것들을 얻으려고 다른 사람이 한 것과 같은 일을 하지 않는다면, 너는 [다른 사람과] 똑같은 양을 받을 만하다고 요구할 수 없다는 것을 명심하라.

§2. 왜냐하면, 누군가의 현관에 찾아가지 않는 자와 늘 그렇게 하는 자가 마찬가지로 어떻게 똑같은 몫을 받을 수 있겠는가? 수행하지 않는 자가 수행하는 자와 마찬가지로

어떻게 똑같은 몫을 받을 수 있겠으며, 남을 칭찬하지 않는 자가 칭찬하는 자와 마찬가지로 똑같은 몫을 받을 수 있겠는가? 그러므로 그것들이 팔리는 대가를 내놓지 않은 채, 공짜로 그것들을 얻으려고 한다면, 너는 정의롭지 않고 탐욕스러운 사람이 될 것이다.

§3. 그런데 얼마나 주고 속들이[결구(結球)] 양상추를 사는가? 아마도 1오볼로스[68]일 게다. 그러면 누군가가 1오볼로스를 내놓고 속들이 양상추를 얻었는데, 반면에 너는 오볼로스를 내지 않고 그것을 손에 넣을 수 없다면, 너는 그 사람보다 적게 가졌다고 생각하지 말라. 왜냐하면 그 사람은 속들이 양상추를 가지고 있는 것처럼, 너는 내놓지 않은 1오볼로스를 가진 것일 테니까.

§4. 지금의 경우도 마찬가지이다. 네가 누군가의 연회에 초대받지 못했는가? 왜냐하면 너는 연회의 주인에게 저녁 식사를 파는 만큼의 대가를 지불하지 않았기 때문이다. 그는 칭찬과 교환으로 그것을 파는 것이고, 보살핌과 교환으

10

15

---

68 1드라크마의 6분의 1에 해당하는 가치를 가지는 돈. 보통의 노동자가 받는 하루 임금 6분의 1에 달하는 돈.

로 그것을 파는 것이다. 그러니 팔리는 것이 너에게 이익이 된다면, 그 대가[69]를 지불하면 된다. 그러나 대가를 지불하지도 않고, 그것[저녁 식사]을 받기를 원한다면, 너는 탐욕스럽고 어리석은 것이다.

§5. 그러니, 너는 식사 대가로 아무것도 가지지 않았는가? 실제로 너는 칭찬하고 싶지 않은 그 사람을 '칭찬하지 않음'을 가지고 있으며, 너는 그의 '문지기들[의 오만함 따위]을 참아 내지 않음'을 가지고 있지 않느냐.[70]

제26장 | 관용을 배우라

자연의 의지[71]에 대해서는 우리가 서로 의견 차이가 없는 것들로부터 배울 수 있다. 예를 들어 다른 사람의 소년 노예가 술잔을 깼을 때, 그 당장에 우리는 "일어날 수 있는 일들 중의 하나야"라고 말할 수 있어야 한다. 그러면 너 자신의 술잔이 깨졌을 때에도 다른 사람의 것이 깨졌을 때 하던 그 방식대로 같은 태도를 취해야만 한다는 것을 알아야 한다.

---

69 문자 그대로는 그것을 판 '그 차이'(diaphron), 즉 그 대가를.
70 그 대신에 '자유'를 얻었다는 것이다.
71 혹은 '자연의 계획'(to boulēma tēs phuseōs). 제1권 제17장 14~15절 참조.

더 중대한 일에 대해서도 그런 식으로 적용하는 것이 좋
다. 남의 아이나 혹은 마누라가 죽었는가? 아무도 "그게 인간의 운명이죠"라고 말하지 않을 사람은 없다. 그러나 누군가 자신의 아이가 죽었을 때, 그 당장에 "아! 비참하도다"라고 말하곤 한다. 그러나 이러한 일이 남에게서 일어났을 때 우리가 어떻게 감정을 겪는지를 기억해야만 한다.

제27장 ㅣ 악의 본성에 대하여

빗맞히기 위해서 과녁을 세우지 않는 것처럼, 마찬가지로 우주에는 자연 본성적인 악도 존재하지 않는 것이다.[72]

---

[72] 어떤 것이 잘못되도록 우주가 존재한다는 것은 생각할 수 없는 노릇이다. 자연적인 어떤 것도 악하지 않고, 자연적으로 악한 것은 우주에 있을 수 없다(kakou phusis en kosmō). 이 생각은 전형적인 스토아적 자연관이다. 악은 우주에서 그 어떤 독립적인 존재를 가질 수 없다. '선은 hupostasis(agathou phusin = skopos)이고, 악은 parupostasis(= to apotuchein kai to kakon)이다. 악은 선의 대응물로 있을 수 있으나, 그 어떤 그 자체적으로 존립할 수 있는 독립적 존재를 가질 수 없다. 맞추기 위한 표적이 있는 것처럼, 우주에는 선(좋음)의 본성이 있다(심플리키우스).

제28장 | 몸보다 정신의 혼란을 경계하라

만일 누군가가 자신의 몸을 우연히 마주친 사람에게 떠넘긴다면, 너는 화를 낼 것이다. 그런데 너는 자신의 정신을 우연히 만나는 사람에게 떠넘겨서, 결과적으로 그 사람이 너를 욕하면, 너의 정신은 교란되고 혼란스럽게 될 텐데, 그렇게 맡기는 것을 너는 부끄럽게 생각하지 않는가?

제29장[73] | 먼저 오는 것과 그것에 따르는 것을 생각하라

§1. 어떤 일을 하든지 간에, 먼저 오는 것들과 그것에 따르는 것들을 살펴야 한다. 그런 다음 그 일을 착수하는 것이 좋다.[74] 그렇지 않으면 그다음 일은 아무것도 생각하지 않았으므로, 처음에는 기꺼이 의욕에 가득 차서 그 일을 하다가, 나중에 뭔가 곤란한 일들이 나타나게 되면 부끄럽게도 그 일을 포기하게 될 것이다.[75]

---

73 이 장은 3.15.1~13과 거의 동일하지만, 사용되는 말들이 전해지는 사본에 따라 다소 다르다.

74 제3권 제15장 1절 참조. 논리적으로는 전건과 후건으로, '만일 P이면 Q이다'. 전건이 충족되면, 후건이 따라 나올 것이다.

75 다른 사본처럼, duscherōn tinōn aischrōs로 읽으면 '어떤 어려운 일이 나타나게 되면, 너는 부끄럽게도 포기할 것이다'로 옮겨진다.

§2. 너는 올림피아 경기에서 승리하기를 바라는가? 신께 맹세코 나도 그렇다. 그것은 영광스러운 일일 테니까. 하지만 그것에 앞서는 것들과 뒤따르는 것들을 살펴보고, 그런 다음에 그 일에 착수해라.

너는 훈련을 준수해야 하고, 식이요법에 따라야 하며, 맛 5
난 과자를 삼가야 하고, 무더위나 혹한에도 정해진 시각에 엄격하게 몸을 단련하고, 찬 것을 마시지 않으며, 가끔 술을 마실 기회가 있더라도 마시지 말아야 한다. 한마디로 말해, 의사에게 몸을 맡기듯이 너 자신을 훈련 교관에게 맡겨야 한다. 그런 다음 경기에 나갔다고 하면, 서로 맞대고[76] 때로 10
는 손목이 탈구되거나,[77] 복사뼈를 삐거나, 많은 양의 모래를 들이마시거나, 얻어맞아 끝내는 패배하는 수도 있다.

---

[76] 사본에 따라(Loeb판 참조) parerchesthai가 아니라 paroussesthai로도 읽고 있는데, 이 말은 그 의미가 명확하지 않다. 이 말(parorussō)을 레슬링에서 사용되는 기술적인 말로 이해하면, 레슬링 경기장인 판크라티온(pangkration; pancratium)에서 본격적 게임에 들어가기에 앞서 예비적으로 먼저나 진흙더미에서 뒹구는 것을 가리키는 말이다(DL 제6권 27). 또 본격적 게임에 앞서 서로 맞서서 상대방의 '겨드랑이를 파는' 것을 의미할 수도 있다.

[77] 즉 관절을 삔다는 의미이다.

§3. 이것들을 다 따져 본 후에도, 그래도 네가 여전히 그렇게 하기를 원한다면, 운동선수가 되는 일에 착수할 수 있을 것이다. 그렇지 않으면 아이들로 되돌아가 너는 어떤 때는 레슬링 선수로 놀다가, 어떤 때는 검투사로 놀다가, 다음에는 연설가가 되고, 그다음에는 철학자가 되어서, 너의 온 혼으로[78]는 아무것도 하지 않은 것이 될 것이다. 마치 원숭이처럼, 네가 본 것은 뭐든지 따라 하고, 차례차례로 여러 가지 것이 네 마음에 드는 것이다. 왜냐하면 너는 어떤 일에 대해 꼼꼼하게 따지고 모든 면에서 살펴보면서 그 일에 착수한 것이 아니라, 되는 대로 내키지 않는 마음으로[79] 착수했기 때문이다.

§4. 이와 마찬가지로 누군가가 철학자를 볼 때 그리고 소

---

[78] 즉 전심전력을 기울여서는 아무것도 안 한 셈이 되고 만다는 의미이다 (holē tēi psuchē).

[79] 원어로는 kata psuchran epithumian인데, 문자 그대로 옮기면 '차가운 욕망에 따라'이다. 바로 앞에서 '온 혼으로 혹은 온 혼을 가지고'에 대구가 되는 표현으로 받아들일 수 있겠다. 그렇다면, 이 말은 이성적으로 따지지 않고 심사숙고하지 않으며 그저 단순한 욕망을 가지고 어떤 일에 착수한다는 의미를 가진다.

크라테스[80]가 말하는 것처럼 그렇게 말하는 누군가를 들을 때(그렇지만 누가 그분처럼 그렇게 말할 수 있겠는가?), 자신들도 철학을 하자는 생각이 드는 것이다.

§5. 인간아, 먼저 그 일이 어떤 것인지를 살펴보라. 그런 다음에 네가 [그 일을] 견딜 수 있을지 없을지 자신의 소질(phusis)[81]을 잘 살펴보는 것이다. 너는 5종 경기[82] 선수나 혹은 레슬링 선수가 되기를 원하는가? 너 자신의 팔, 허벅지를 보고, 허리가 어떤지를 잘 살펴보라. 사람은 각자 본성상 서로 다른 일에 적합하도록 타고나기 때문이다.

§6. 네가 그런 일을 하는데, 다른 사람과 똑같이 먹고, 똑같이 마시고, 똑같이 화를 내고, 똑같이 역정을 낼 수 있다고 너는 생각하는가? 오히려 밤을 새워, 고되게 일해야 하고, 집안 식구들에게서 떨어져 있어야 하고, 노예의 자식들

25

---

80 사본마다 다른데, Euphratēs로 읽기도 하고 eu Sōkratēs로도 읽는다. 에우프라테스는 유명한 스토아 철학 선생이었다고 하며, 신퓌타고라스주의자인 튀아나(Tuana) 출신의 아폴로니오스(Apollonios)의 혹독한 비평가였다고 한다. 그의 연설 일부가 제4권 제8장 17~20절에 나온다.
81 즉 '능력'을 말한다.
82 멀리뛰기, 원반던지기, 달리기, 창던지기, 레슬링의 다섯 종목으로 이루어진 경기를 말한다.

에게서 멸시를 당하고, 만나는 사람에게서 비웃음을 받고, 명예에서, 관직에서, 법정 등, 모든 것에서 더 멀어져야만 할 것이다.

§7. 너는 이런 것들을 대신해서 정념으로부터 벗어남과 자유, 마음의 평정을 얻고 싶다면,[83] 이런 것들을 잘 살펴보는 것이 좋다. 만일 그렇지 않다면 철학에 가까이 가지도 말라.[84] 마치 어린아이처럼 지금은 철학자이지만, 나중에 세리(稅吏)로, 그다음에는 연설가로, 또 그다음에는 황제가 임명한 태수가 되고 싶어 해서는 안 된다. 이것들을 혼자서 겸할 수는 없다.

너는 좋은 사람이든 나쁜 사람이든 '한' 인간이어야 한다. 너 자신의 지도적 중심 부분[85]이나 외적인 것들 중 하나

---

83 스토아 철학에서 중요한 철학적 개념들이다. 철학을 통해 얻고자 하는 마음의 상태를 표현하는 기술적 용어들이다. 철학을 통해 '정념으로부터 벗어남'과 '마음의 안정'을 얻어 '자유'에 도달하는 것이 스토아 철학자, 즉 스토아적 현명한 사람(智者)의 궁극적 목표이다.

84 '철학에 가까이 다가서지 말라'는 의미.

85 우리를 이끄는 원리인 혼의 지도적 부분(hēgemonikon)인 '이성'을 가리킨다. 때로는 감정(pathos), 지각(aisthēsis), 이성(logos)를 포함하기도 한다. 나아가 인간 혼(psychē) 전체와 동일시되기도 한다. 스토아 철학은 혼을 여덟 부분으로 나눴다. 이 중에서 혼을 이끄는 hēgemonikon('통제하는 부분',

를 완성하도록 전심전력을 기울여야 한다. 내적인 것에 힘
쓰든지 외적인 것에 힘쓰든지, 즉 철학자든지 일반인이든
지, 어느 한쪽의 입장을 취할 수밖에 없는 것이다.

'지배하는 부분')은 최고의 지위를 차지한다. 혼의 이 헤게모니콘의 완성
이 인간 행복을 구성한다는 것이 그들의 근본적 주장이다. '혼의 돌봄'이란
결국 헤게모니콘의 계발을 의미한다. 우리 정신의 계발은 이성의 작업 자
체를 통해서 완성된다. 우리의 정신은 이론적인 방식과 실천적인 방식으로
기능한다. 이 두 방식은 행복으로 이끄는 이성적 자기개선의 계획 속에 포
함된다. 우리의 이성은 바로 이러한 개선과 그 대상의 수행자라는 것이다.

III

적합한 행위들(kathēkonta)의 발견을 위한 충고

제30장 | 항시 너의 의무를 생각하라

우리의 의무[1]는 일반적으로 사회적 관계로 결정된다. 한 아버지가 있다. 그러면 돌보고, 모든 일에서 그에게 양보하고, 욕을 먹든 때리든 간에 참아야만 하는 것이다. "하지만 나쁜 아버지예요." 그런데 네가 좋은 아버지와 관계 맺기로 태어난 것은 아니겠지만, 오히려 '그저' 아버지와 관계 맺기를 가질 뿐이다.[2]

---

1 그리고 혹은 '적합한 혹은 고유한 행위들'(kathēkonta). 이 개념은 스토아 윤리학의 토대가 된다.

2 ōikeiōthēs 다음에 의문문 대신 쉼표로 읽었다. 말 그대로는 '…에 귀속함으로', '…에 친화적으로'를 의미한다. 제1권 제19장 참조. 스토아 철학에서의 오이케이오시스(oikeiōsis) 개념에 대해서는 김재홍(2013), pp. 208~223 참조.

⁵ "내 형제가 옳지 않게 행하고 있어요." 어쨌든 그에 대해서 너 자신의 입장을 지켜, 그가 무엇을 행하느냐가 아니라, 네가 무엇을 하면 자연에 따르는[3] 너의 의지[4]를 유지할 수 있는지를 생각하도록 하라. 왜냐하면 네가 그것을 원하지 않는 한, 다른 사람이 너에게 해를 끼치지 않을 것이고, 오히려 네가 해를 입었다고 너 자신이 생각할 때, 그때야말로 네가 해를 입은 것이 되기 때문이다.

그러므로 이러한 방식으로 네가 사회적 관계를 바라보는 습관을 들인다면, 너는 동료 시민으로부터, 이웃으로부터, 장군으로부터 그들에 대한 적합한 행동[5]을 찾게 될 것이다.

제31장 | 경건에 대하여

§1. 신들에 대한 공경과 관련해서 네가 알아야만 하는 가장 중요한 것은, 신들에 대한 올바른 이해를 갖는 것이다. 즉 신들은 존재하고, 전체를 아름답고 또 정의롭게 지배하고

---

3 혹은 '자연에 일치하는'.
4 이 구절은 제4장에서 이미 나온 바 있다.
5 혹은 의무(kathēkon).

있다는 것, 나아가 신들에 따라서 일어나는 모든 일에 내맡기고, 그것들이 최고의 지성에 의해 성취되었다고 생각하고,[6] 스스로 기꺼이 그것에 따르도록, 너 자신의 위치를 신들이 정하고 있다는 것이다. 그러면 이러한 방식으로 행위한다면, 신들을 결코 비난하지도 않을 것이고 또한 자신이 버림받고 있다고 한탄할 일도 없어질 것이기 때문이다.

§2. 그러나 이 일은 우리에게 달려 있지 않은 것들을 포기하고, 우리에게 달려 있는 것들에 대해 좋음과 나쁨을 가정하는 것이 아니라면, 가능한 것이 아니다.[7] 왜냐하면 네가 우리에게 달려 있지 않은 것들 중 어느 하나에 좋음과 나쁨을 생각하는 것이 있다면, 네가 원하는 것을 얻지 못하고 또 네가 원하지 않는 것으로 떨어진다면, 반드시 그 원인인 신

6 이유를 살리는 번역을 취하면, "최고의 지성에 의해 성취되었기 때문에"이다. 신에 대한 이러한 이해는 신과 우주의 연관성을 보여 주는 전형적인 스토아적 관점이다. 스토아에 따르면, 우주는 신의 지성적 설계에 따라 합목적적으로 질서 지어졌다. 신의 목적은 이 세계 속에 내재하며, 이 세계가 이성적 존재의 이익을 위해 일하는 모든 가능한 세계 중에서 가장 좋은 세계이다.

7 우리에게 달려 있지 않는 것들에 대해서 선과 악의 개념을 구별하지 않을 때에만, 즉 선과 악에서 비켜섬으로써만 이것에 도달할 수 있다는 말이다.

들을 비난하거나 미워할 것이기 때문이다.

§3. 왜냐하면 모든 생물은 자연 본성적으로 해(害)가 되는 것으로 여겨지는 것들이나, 그 원인이 되는 것들[8]에서는 도망치거나 회피하되, 유익한 것들이나 그 원인이 되는 것들[9]은 추구하고 찬양하기 때문이다. 그러므로 사람이 해롭다고 생각할 때, 마치 해롭다는 것을 기뻐하는 것이 불가능한 것처럼, 마찬가지로 해친다고 생각되는 사람을 기뻐하는 일은 불가능하다.

§4. 따라서 아버지가 아이가 좋다고 생각하는 것 중 어떤 것을 그의 아이에게 주지 않을 때, 그의 아이들에게서 욕을 먹는 것이다. 이것이 또한 에테오클레스와 폴뤼네이케스를 (서로 적대적이게)[10] 만들었다. 즉 전제 권력을 잡는 것이 좋은 것으로 생각하도록 만든 것이다.[11] 역시 농부도 신들을

---

8 즉 해(害)가 되는 것을 만들어 내는 것.

9 즉 유익한 것들을 만들어 내는 것.

10 사본에 따라 조금씩 차이가 있는데, 어떤 사본에는 'polemious allēlois'란 구절이 들어 있다. 에테오클레스와 폴뤼네이케스는 오이디푸스 왕의 아들이다. 이에 대해서는 제2권 제22장 13~14절, 제4권 제5장 30절 참조.

11 내용적으로 이해해 보면, '아버지가 자식에게 좋은 것을 주지 않았기 때문에, 권력을 잡는 것이 좋은 것이라는 생각을 가지게 해서 서로 적대적이게

욕하고, 이것 때문에 뱃사람도, 이것 때문에 상인도, 이것 때문에 그들의 마누라와 자식들을 잃어버린 사람들도 신들을 욕하는 것이다. 즉 유익함이 있다면 거기에는 신을 공경하는 마음도 있는 것이기 때문이다.

따라서 마땅히 해야만 하는 바대로 욕구하고 회피하는 것을 돌보는 사람은 누구나, 동시에 신을 공경하고 배려하고 있는 셈이다.

§5. 그러나 헌주(獻酒)하고, 희생 제물을 올리고, 조상의 전통에 따라서 첫 번째 수확물을 바치는 것은, 그때마다 깨끗한 마음으로, 부주의하지 않게, 인색하지 않고 아낌없이, 자신의 분수를 넘어서지 않는 방식으로 하는 것이 적합한 일이다.

제32장[12] | 점(占)을 그릇되게 사용하지 말라

§1. 네가 점[13]을 볼 때, 어떤 결과가 나올지 알지 못하지만, 그것을 점쟁이에게서 듣기 위해 왔다는 것을 기억해 두는

만들었다'는 식으로 이해할 수 있겠다.

12 제2권 제7장에는 여기서 논의되는 사항이 길게 논의되고 있다.

13 점, 예언. 점에 대해서는 제2권 제7장 참조.

것이 좋다. 하지만 네가 진정 철학자라면, 그것이 어떤 성질의 것인지 알고 있었을 것이다. 그것이 우리에게 달려 있지 않는 것들 가운데 하나라면, 그것은 당연히 좋은 것도 나쁜 것도 아니기 때문이다.

§2. 그러므로 점치는 자에게 너의 욕구나 회피를 가져가지 말고(그렇게 하지 않는다면[14] 너는 그에게 두려움으로 떨면서 가게 될 것이다),[15] 오히려 결과가 나오는 모든 것이 좋음과 나쁨에 무관한 것이며, 또 너에게는 아무것도 아니라는 것, 그것이 어떤 것이든 그것을 훌륭하게 사용할 수 있을 것이고, 아무도 그것을 방해하지 않을 것이라는 점을 잘 알고 다가가야 하는 것이다. 그러니 기운을 내서 조언해 주는 사람들에게 가듯이 신들에게 가는 것이 좋다. 그런 다음, 네가 어떤 조언을 받을 경우에는, 네가 누구를 조언자로 받아들였는지, 그것을 받아들이지 않을 경우에는 누구를 따르고 싶어 하지 않았는지[16]를 명심하라.

---

14 ei de mē로 읽었다. 어떤 사본은 mēde로 되어 있다.
15 다른 사본(앞의 주 참조)으로 읽으면 '또 두려움으로 떨면서 그에게 가지 말라'가 된다.
16 '한 귀로 듣고 그냥 흘려 버린다'는 뉘앙스를 가지는 말이다.

§3. 소크라테스가 주장한 것처럼,[17] 탐구 전체가 미래의 사건과 관련이 있고, 이성으로도 다른 어떤 기술적 방식으로부터도 주어진 해당 사안에 대하여 포괄적 앎을 알기 위한[18] 어떤 방도가 주어지지 않는 경우에는 점을 치러 가도록 하라. 따라서 너의 친구나 너의 조국과 더불어 위험을 감수해야 할 필요가 생긴 경우에는 함께 위험을 감수해야 할지 말지를 점치면 안 된다. 왜냐하면 점쟁이가 희생 제물에 흉조가 생겼다고 말하면, 그것은 죽음이나 신체 일부를 손상시키거나, 추방의 징조를 알리는 것임이 분명한데, 그러나 이성은 친구나 조국을 도와 함께 위험을 감수할 것을 요구하기 때문이다. 그러므로 더 위대한 예언자인 퓌티아 신전[19]의 아폴론 신 쪽으로 마음을 돌리는 것이 좋다. 이 신은 친구가 살해당했을 때 돕지 않는 사람을 신전에서 내쫓아 버린 것이다.[20]

15

20

17 인간에게는 분명하지 않은 것에 대해서는 "점을 통해" 신들로부터 들도록 해야 한다(크세노폰, 『회상』 제1권 제1장 9).
18 원어는 pros to sunidein. 즉 '확실성'을 얻는 데.
19 델포이 신전.
20 '너의 친구나 혹은 너의 조국과 더불어 위험을 감수해야 하는가 하는 여부를 함께 점치면 안 된다'라는 의문은 아폴론에게서 명확하게 해명된다. 그

§1. 자신을 위해 알맞은 성격과 삶의 방식[21]을 정하고, 혼자 있을 때든 다른 사람을 만날 때든 이를 지키도록 하라.

§2. 대부분의 경우에 침묵하거나, 꼭 필요한 것만 몇 마디로 말하도록 하라. 하지만 드물게 그 상황이 무언가를 말하도록 요구할 때 말을 하면 되지만, 그러나 일상적인 어떤 것에 관해서는 말하지 말라. 즉 검투사 싸움, 경마, 운동 경기자, 음식 등 평소 화제가 될 만한 흔한 말을 해서는 안 된다. 특히 사람들에 대해 비난하거나, 칭찬하거나 혹은 비교하는 말을 하지 말라.

§3. 만일 그렇게 할 수만 있다면, 네 자신의 이야기로 동료들의 대화를 적절한 방향으로 이끌도록 하라. 그러나 낮

이유는 자신의 친구를 돕지 않은 어떤 사람이 신탁을 구하러 오자, 아폴론은 그를 신전 밖으로 내쫓아 버렸기 때문이다. 아이리아노스, 『헬라스 기담집』 제3권 44 참조. 아폴론 신의 신탁을 받기 위해 델포이로 나갔던 세 사람이 도중에 도적을 만났고, 이 중 친구를 버리고 달아난 사람을 아폴론이 무녀를 통해 신전에서 쫓아냈다는 이야기가 전한다(심플리키우스의 『엥케이리디온 주석』 참조).

21 원어로는 tina taxis kai tupos(어떤 태도와 각인)이다. 쉽게 풀면, '태도와 입장'이다. tupos와 charaktēr(성격)는 '마음에 새겨진 것'을 의미한다.

선 사람 속에서 홀로 남게 되었다면 침묵하는 것이 좋다.

§4. 크게 웃지 마라. 자꾸 웃는 것도, 또한 거리낌 없이 웃는 것도 좋지 않다.

§5. 가능하다면, 어떤 경우에도 서약을 하는 것을 회피하라. 그것이 가능하지 않다면, 사정이 허락하는 한 회피하도록 하라.

§6. 외부 일반인과의 연회는 삼가도록 하되, 부득이한 기회가 생기면 있을 수 있는 대화에 휩쓸리지 않도록 주의를 기울여라. 왜냐하면 너는 다음과 같은 사실을, 즉 누군가의 [15] 동료의 몸이 더러워지면, 함께 짝을 이루는 사람의 몸도 비록 그 자신은 깨끗하다고 하더라도, 어쩔 도리 없이 불결하게 될 것이라는 것을 알아야만 하기 때문이다.

§7. 몸에 관련된 것들은 필요한 최소한의 것만을 취하도록 하라. 예를 들어 음식, 마실 것, 옷, 집, 집안의 종 같은 것들이다. 외적으로 화려하게 드러나는 것이나 사치스러운 모든 것을 단절하도록 하라.

§8. 성애(性愛)와 관련해서는 결혼 전에는 할 수 있는 한 깨끗해야만 한다. 행하는 경우에는 관습에 맞는(적법한 것)

20 정도로만[22] 하도록 하라. 그렇지만 이에 빠진 사람들에 대해 불쾌한 태도를 보이거나 비난해서는 안 되며, 자신은 억제하고 있다고 여기저기 말하고 다니는 것도 좋지 않다.[23]

§9. 만일 누군가가 너에게 심하게 욕을 해대는 사람이 있다고 말을 전하면, 네가 들은 것에 대해 변명할 것이 아니라, 다음과 같이 답하라. "좋다, 그 사람은 내가 지니고 있는 다른 결점을 몰랐던 셈이군. [알았다면] 그가 단지 그것만을 듣지는 않았을 테니까."

§10. 빈번하게 공공의 장소(theatra; 극장)[24]에 들를 필요
25 는 없다. 또 때에 따라 적절한 기회에 있더라도, 자기 자신

---

22 즉 법과 관습(nomos)이 허용하는 테두리에서만. 다시 말하여, 이는 쾌락이 아니라 종을 번식시키기 위한 수단으로서의 성애를 말하는 것으로 이해되며, 한편으로는 혼외 성관계를 갖지 말라는 말로도 이해된다. 에픽테토스의 스승인 무소니오스 루푸스(Musonius Rufus)는 쾌락을 목적으로 추구하는 성관계들은 "그것들이 비록 결혼 내에서 이루어질지라도, 부당하고 법에 어긋난다"고 말했다(*Reliquiae*, XII, 64). 후기 스토아 철학은 성애에 관련하여 (1) 혼외 성관계를 금지하고, (2) 종족 보존의 수단으로만 사용하고, (3) 쾌락적 요소를 배제해야 한다는 입장을 취했다. 에픽테토스도 원칙적으로 이 견해들에 동조하고 있다.

23 스토아식의 금욕적 원칙이라 할 수 있다.

24 요즘 의미의 '극장'만을 말하는 것이 아니라, 운동 경기와 회합과 같은 '공공의 모임'이 열리는 장소를 가리킨다.

이외의 다른 어떤 사람에게도 열을 올리는 듯한 모습을 보여서는 안 된다. 다시 말해서 일어나는 일만 일어나고, 승리하는 자가 단지 승리하기만을 바라면 된다. 그렇게 하면 너는 아무런 방해를 받지 않게 될 테니까. 누군가의 이름을 소리치거나, 환호하거나 혹은 몹시 흥분하는 일은 절대로 삼가는 것이 좋다. 또 극장에서 돌아온 후에도 자신을 개선하는 데 도움이 되지 않는다면, 그곳에서 일어난 일에 대해 너무 많은 말을 해서는 안 된다. 왜냐하면 네가 그 구경거리를 ³⁰ 찬탄했다는 것이 그런 데서 밝혀지기 때문이다.

§11. 분별없이 혹은 쉽사리 어떤 사람의 공개적 강의[25]에 가지 말라. 또 가는 한이 있더라도 진지하고 평정한 태도[26]를 유지하고, 또 동시에 다른 사람에게 부담되는 행동을 하지 않도록 하라.

§12. 누군가를 만나려 할 때, 특히 높은 평판을 누리고 있

---

25 철학자들에게 주어지는 공개적인 강의(akroasis)와 비슷한 것인데, 청중 앞에서 남의 글이나 새로운 작품 따위를 읽어 주는 것을 말한다. 3.23.23에서도 철학자에 의하여 공개 강의가 이루어지고 있는 모습이 기술되고 있다.
26 원어인 to semnon kai eustathes는 '근엄해 보이고 무게 있게 보이라'는 의미. 스토아적인 자세 및 태도이다.

는 사람들 중 한 사람을 만날 때는, 이런 경우에 소크라테스나 제논이라면 어떻게 했을까 하고 스스로에게 물어보도록

35 하라. 그러면 곤란을 겪지 않고도 자신이 직면한 사태를 적절하게 대처할 수 있을 것이다.

§13. 권력을 가진 사람을 만나러 갈 때는, 그 사람이 부재하거나, 쫓겨나거나, 눈앞에서 문이 닫히거나, 혹은 너에게 전혀 주의를 기울이지 않을 수도 있다는 것을 떠올리는 것이다. 그럼에도 여전히 그를 만나러 가야만 한다면, 거기서 일어나는 일들을 [고스란히] 참는 것이다. 그리고 너 자신에게 결코 "그만한 가치가 못 되었군"[27]이라고 말하지 말라.

40 왜냐하면 그것은 철학에 소양이 없고(idiōtikon), 외적인 일에 대해서 짜증을 내는 사람이 하는 일이기 때문이다.

§14. 사람과의 교제에서는, 자신의 행적(行績)이나 모험한 일에 대해서 장황하게 언급하는 것을 피하라. 왜냐하면 너 자신의 모험담을 떠올리는 것이 너에게는 즐겁겠지만, 다른 사람에게는 너에게 일어난 것을 듣는 것이 그리 즐겁지 않기 때문이다.

---

27 '그만큼 애써서 시도해 볼 만큼 보람 있는 일이 못 된다'는 의미이다.

§15. 또한 다른 사람을 웃게 하는 것도 피하라. 왜냐하면 그 방식은 저속하게 흐르기 쉽고, 또 그와 동시에 가까운 사람들이 너에게 품고 있는 존경심을 약화시키기에 충분하기 때문이다.

§16. 상스러운 애기로 빠져드는 것도 위험하다. 그러므로 뭔가 그런 애기가 나오면, 적당한 때를 봐서, 그 말을 꺼낸 사람을 꾸짖는 데까지 나아가라. 그럴 기회가 없다면 적어도 입을 다물거나, 얼굴을 붉히거나, 얼굴을 찌푸린다거나 해서 그런 이야기를 불쾌하게 여기는 것을 밝히는 게 좋다.[28]

제34장 | 감각적 쾌락을 극복하라

어떤 쾌락의 인상이 떠오를 때는, 다른 인상들의 경우에서와 마찬가지로 그것에 마음을 빼앗기지 않도록 너 자신을 보호하는 것이 좋다. 아니, 오히려 그 사안에 좀 기다려 달라고 자네 자신에게 유예를 받도록 하라. 그러고 나서 두 때

---

28 어떤 상황에서도 '자연적으로' 일어나는 도덕적인 분노를 숨기지 말라는 의미이다.

를 상기하라. 즉, 네가 그 쾌락을 누리는 데 걸리는 시간과 그 쾌락을 누린 후에 후회하며 스스로 자신을 탓하는 데 걸리는 시간을 마음에 새겨 두는 것이다. 그리고 이 시간들과 비교하여, 만일 네가 이것을 멀리한다면, 얼마나 기쁨을 느끼고, 얼마나 너 자신을 찬양하게 될지를 상기하라.

또한 이런 일에 관여해도 상관없는 때라고 생각할 수 있는 경우에도,[29] 그 감미롭고 쾌활하며 매력적인 것이 너를 이기는 일이 없도록 주의하라. 오히려 그것에 맞서서 승리했다는 자각을 갖는 것이 너에게 얼마나 더 나은 것인지를 상기하라.

제35장 | 확신을 가지고 행동하고 남의 비난을 두려워하지 말라

네가 무언가를 해야 한다고 결정했을 때는, 비록 많은 사람들이 그것에 대해 다르게 생각한다고 할지라도, 그것을 행하는 것을 보이는 것을 결코 피하려고 하지 말라. 만일 네가 올바르게 행동하고 있지 않다면 그 일 자체를 피해야 하고,

---

29 다른 사본에 따라 읽어보면, '만일 행동을 취할 적절한 때라고 여겨진다면'.

또 네가 올바르게 행동하고 있다면, 잘못을 비난하는 사람을 너는 왜 두려워해야만 하는 것인가?

제36장 | 몸가짐을 신중히 하라

'지금은 낮이다'와 '지금은 밤이다'라는 진술은 선언명제[30]로서는 충분한 의미[31]를 가지지만, 연언명제[32]로서는 아무런 의미가 없는 것과 마찬가지로,[33] 연회에서 더 큰 몫을 선택하는 것은 몸을 위해서는 가치가 있을 수 있으나, 연회에서 마땅히 해야만 하는 태도를 지키기 위해서는 아무런 가치가 없다.

---

30 '낮이거나 혹은 밤이다'와 같은 diezeugmenon(선언). 단칭명제를 '또는'(hē)으로 결합한 복합명제를 말한다. 이 문제에 대해서는 DL 제7권 72~74 참조.

31 직역하면, "큰 가치를"(megalēn axian)이다. 1.25.11~13과 비교하라. "음식을 집는 것은 집지 않는 것보다 더 큰 가치(axia)를 가진다." axia란 말은 여기에서 3번 사용되는데 일반적으로 '가치'를 뜻한다. 이에 반대되는 apaxia라는 말은 두 번 나오는데 이 말은 '가치의 결여'를 뜻한다.

32 '낮이고 그리고 밤이다' 혹은 '만일 낮이라면 밤이다'와 같은 sumplegmenon(연언)으로, '그리고' 혹은 조건문으로 결합된 복합명제를 말한다.

33 텍스트에 충실해서 옮기면, '…와 …라는 것을 별도로 하면 충분한 의미를 가지지만, [그 두 명제를] 결합하면 의미를 가지지 못하는 것처럼'이다.

그러므로 다른 사람과 함께 식사할 때에는, 비단 네 눈앞에 놓여 있는 것들[34]의 신체를 위한 가치만 볼 것이 아니라, 연회를 베푼 사람에 대한 존경에도 신경을 써야 한다는 것을 명심하라.

제37장 | 네 능력을 넘어서는 역할을 떠맡지 말라

만일 네가 네 능력을 넘어서는 역할을 맡는다면, 그 점에서 너는 부끄러운 행동을 하고 있을 뿐만 아니라, 네가 해낼 수 있는 배역까지도 소홀한 것이다.

제38장 | 정신의 원리가 손상되지 않도록 주의하라

걸을 때는 못을 밟거나 다리를 삐지 않도록 조심하되, 그와 마찬가지로 네 마음의 지도적 부분(헤게모니콘)을 해치지 않도록 주의하라. 우리가 어떤 행동에서도 이 점을 배려한다면, 보다 안전하게 행동에 나설 수 있을 것이다.

---

34 먹을 것.

제39장 | 꼭 필요한 만큼만을 소유하라

마치 발이 가죽신을 재는 척도인 것처럼, 개개인의 신체가 소유를 측정하는 척도이다.[35] 만일 네가 그 점에 머무른다면 척도를 지키겠지만, 그것을 밟고 넘어선다면 그 후에는 반드시 낭떠러지에서 떨어지게 될 것이다.

가죽신의 경우에서처럼, 발의 척도를 넘어서면 금박을 입힌 가죽신이 되고, 그다음에는 자주색[36]으로 물든 가죽신이 되고, 그다음에는 수를 놓은 가죽신이 될 것이다. 일단 그 척도를 넘어서면, 어떤 한계도 없어지기 때문이다.

제40장 | 여성에게서의 존경

여성은 14세가 되자마자 남성들로부터 '부인들'[37]로 불린다. 그래서 그들이 단지 남자들과 잠자리를 함께하는 것을 제외하고는 자신들이 얻을 수 있는 것이 아무것도 없다는

---

35 신체에 필요한 소유물을 가리키는데, 가령 가죽신(샌달)은 사람의 신체적 '발'에 필요한 것이다.

36 '자주색'은 귀족적이고 화려한 것을 나타낸다.

37 원어 kurios('안주인')는 가정(家政)을 맡게 된다는 것으로 결혼 적령기에 접어들었음을 의미한다. 혼인 가능 연령은 12세부터였다.

것을 알게 되면, 화장을 시작하고 이 일에 온갖 희망을 걸게 된다. 그러므로 그들이 존경을 받기 위해서는 예의를 갖추며, 자긍심을 보이는 것[38] 외에는 아무것도 없다는 것을 그녀들이 깨닫도록 배려하는 것은 중요하다.

제41장 | 신체보다 정신을 돌보라

몸으로 시간을 낭비하는 것은 어리석음의 징표이다. 예를 들어, 장시간 운동하거나, 장시간 먹고 마시고, 장시간 배설을 하거나, 장시간 성관계를 하는 것이다. 오히려 이런 일들은 틈틈이 행해져야만 하고, 너의 온 관심을 정신에 집중해야만 한다.

제42장 | 관용의 태도를 가져라

누군가가 너에게 나쁜 짓을 하거나 나쁘게 말할 때는, 당사자는 그것이 적절한 일이라고 생각하고, 행동하거나 말하

---

38 한 남자를 섬기고 정절을 지킨다는 의미로 이해된다. 아내가 정절을 지키듯이, 남편 또한 정절을 지킬 것을 에픽테토스는 요구한다. 앞서 제33장에서는 "만일 네가 성애에 빠지게 된다면, 적법한 것에만 관여해야 한다"라고 말한 바 있다.

고 있는 것임을 기억하라. 그렇다면 그 사람은 너에게 좋다고 생각하는 것이 아니라, 오히려 그 사람 자신에게 좋다고 생각하는 것에 따를 수밖에 없는 것이다.

따라서 그 사람이 잘못 생각하고 있다면, 속임을 당하는 바로 그 사람이야말로 곤욕을 치르게 된다. 왜냐하면 참인 연언명제[복합명제][39]를 거짓인 것으로 판단한다면, 곤욕을 치르는 것은 연언명제가 아니라, 속임을 당한 사람이기 때문이다.[40] 이런 생각으로 일을 시작한다면, 너를 욕하는 사람에 대해 온화한 태도를 취할 수 있을 것이다. 그럴 때마다 그 사람은 '그렇게 생각한다'라고 말하면 되기 때문이다.

5

---

39 '그리고'(kai)라는 논리적 연결사(logical connective)로 결합된 문장을 말한다. 1.26.14 및 2.9.8 참조. 『엥케이리디온』 제36장에서는 '의미'가 없는, 즉 거짓인(모순된) 복합명제의 예가 나온다.

40 '오늘 해가 떠 있고, 그리고 그는 아테네에 있다'는 참인 연언명제를 참으로 받아들이지 않으면, 해를 입는 것은 명제가 아니라, 잘못된 믿음을 가진 사람이 된다는 것이다.

제43장 | 모든 것은 두 개의 손잡이를 가지고 있다

모든 사안은 두개의 손잡이[41]를 가지고 있는데, 하나는 그 것을 운반할 수 있지만 다른 하나는 운반할 수 없다.

너의 형제가 부정의한 짓을 하면, 부정의한 일을 한다는 그 손잡이 쪽에서 그것을 잡지 말아야 한다. 그것은 운반할 수 없는 쪽 손잡이이기 때문이다. 차라리 그가 너의 형제이 자, 함께 자란 사람이라는 손잡이에서 그것을 잡으라. 그렇 게 하면[42] 너는 운반할 수 있는 손잡이로부터 그것을 잡게 될 것이다.

제44장 | 그릇된 추리

다음의 추론은 논리적이지 않다.[43] '나는 너보다 더 부유하 다. 따라서 나는 너보다 더 낫다', '나는 너보다 더 말을 잘한

---

41 '두 개의 붙잡을 것'(duo labas)을 의미하는 이 말을 은유적으로 이해하자 면, 모든 일은 양 측면을 가지고 있는데 하나는 문제를 손쉽게 풀릴 수 있도 록 해 주는 측면이고, 다른 하나는 그렇지 않은 측면이 있다는 것이다.

42 kai를 추론적 효력을 가지는 것으로 읽었다.

43 sunaktos(모으다)란 말은 여기서 '타당하다', '양립할 수 있다'를 의미하는 논리적 명사(名辭)이다. 그 반대인 asunaktos는 '논리적이지 않다', '양립하 지 않는다'라는 의미이다.

다, 따라서 나는 너보다 더 낫다'.

오히려 다음의 추론은 논리적이다. '나는 너보다 더 부유하다. 따라서 내 재산이 네 재산보다 낫다', '나는 너보다 더 말을 잘한다. 따라서 내 연설은 네 연설보다 낫다'.

하지만 너는 재산도 연설도 아니다.[44]

5

제45장 | 성급히 판단하지 말라

어떤 사람은 재빨리 목욕을 한다. 우리는 이 경우에 '그는 나쁘게 목욕을 한다'라고 말하지 않고, 오히려 '그는 재빨리 목욕을 한다'라고 말해야 한다. 어떤 사람이 포도주를 많이 마시면, '그는 나쁘게 마신다'고 말하면 안 되고, 오히려 '그는 많이 마신다'고 말해야 한다.

왜냐하면 그의 판단[45]을 알기 전에, 어떻게 그것이 나쁜지 알 수 있는가? 이렇게 하면 어떤 것의 파악될 수 있는 인

---

[44] 사람은 재산과 연설과 같은 존재물이 아니므로, 그런 외적인 것에 좌우되는 존재가 아니다. 따라서 인간의 가치는 인간에게 고유한 '이성'에 의해서 결정된다는 의미이다. 제3권 제14장 11절 아래 참조.

[45] 어떤 사람이 행위하게 되는 자신의 '동기' 내지는 '생각'(dogma)을 가리킨다.

상을 받아들이면서, 다른 것으로 승인하는 일도 일어나지 않을 것이다.[46]

제46장 | 철학적 원리들을 말하는 것 대신에 그것에 따르는 것을 행하라

§1. 어떤 경우에도 너 자신을 철학자라고 해서는 안 되고, 일반인들 사이에서 철학 이론에 대해 길게 수다를 떨어서도 안 된다. 하지만 철학 이론들에서 따라 나오는 것들을 행하라. 마치 술자리에서 어떻게 먹어야 할지를 말하지 않고, 마땅히 먹어야 하는 방식대로 먹는 것처럼.

그 이유는 이렇다. 즉 소크라테스는 자신을 과시하는 것을 모조리 거부했기 때문에, 사람들이 그에게 철학자들을 소개받으려고 왔을 때, 소크라테스는 그들을 안내하러 갔다는 것을 기억하라. 이런 식으로 그는 자신이 무시당해도 참았던 것이다.[47]

§2. 그리고 철학자가 아닌 사람들 사이에서 어떤 철학 이

---

46 인식론적으로는 '인상'→ '파악'→ '승인'의 순서로 이루어진다. 이 문제에 대해서는 '해제' 참조. 제3권 제8장 4절 참조('파악될 수 있는 인상').
47 제3권 제23장 22절 참조.

론에 대해 화제가 된다면, 대체로 침묵하고 그냥 놔두라. 왜냐하면 소화되지 않은 것을 바로 뱉어 낼 위험이 크기 때문이다. 그리고 누군가가 너에게 '아무것도 모르네'라고 말했을 때, 그 사람을 물거나 하지 않는다면,[48] 그때야말로 네 일을 시작하고 있음[49]을 알면 되는 것이다.

또한 양들은 주인에게 찾아와 건초를 얼마나 먹었는지 를 보여 주지 않지만, 오히려 그 꼴을 신체 내부에서 소화한 다음에 외부에 털과 젖을 가져다주기 때문이다. 그러므로 너 또한 철학 이론들을 철학자가 아닌 사람들 앞에서 과시하지 말고, 오히려 철학 이론들을 잘 소화한 다음 거기서부터 일을 시작하는 것이다.

제47장 ┃ 자신을 내세우지 말라

네가 신체와 관련한 것으로 알맞은 생활을 한다고 해서, 이것을 자랑하지 말라. 또 물을 마시고 있다면, 어떤 경우에도 물을 마시고 있다고 말하지 말라.

---

48 전후 맥락상 '소크라테스처럼'을 넣어 읽으면 문맥이 더욱 잘 이해된다.
49 즉 철학을 하는(philosophein; doing philosophy) 첫 단계를 말한다.

또한 신체적 수고를 견디도록 단련하고 있을 때에는 외부의 것을 위해서가 아니라 너 자신을 위해서 하는 것이다. 조상(彫像)을 얼싸안지 말라.[50] 하지만 몹시 갈증이 날 때는 차가운 물을 머금고 뱉어 내는 것이다. 그리고 아무에게도 그 말을 하지 말라.[51]

5

---

50 제3권 제12장 '훈련에 대하여'(peri askēseōs) 2절과 10절 참조. 디오게네스는 자신을 단련시키기 위하여 추운 날씨에 벌거벗은 채로 조상(彫像)을 얼싸안았다고 한다(DL 제6권 23). 여기서는 남에게 보여 주려는 의도로 억지로 고행하는 것을 탓하는 것이리라.

51 고행할 때의 하나의 관습이었던 모양이다. 제3권 제12장 17절에도 같은 모습이 기술되고 있는데, 더울 때 훈련하는 태도로 그려져 있다.

IV
가르침의 실천에 관한 결론

제48장 ∣ 철학하는 자로 나아가는 것의 징표

48a, §1. 비철학자의 사물에 대한 자세와 성격은 이익도 손해도 자신으로부터 생긴다고 결코 생각하지 않고, 오히려 외부로부터 발생한다고 생각한다. 철학자의 사물에 대한 자세와 성격은 어떤 이익도 손해도 자기 자신으로부터 생기는 것이라고 생각한다.

48b, §2. 진보한 사람의 징표. 그 사람은 아무도 탓하지 않고, 그 누구도 칭찬하지 않으며, 아무도 질책하지 않고, 자신이 무슨 인물이나 된 것처럼, 혹은 뭔가 중요한 것을 아는 것처럼 결코 말하지 않는다. 어떤 일로 방해받더라도 자기 자신을 비난한다. 또 다른 사람이 자신을 칭찬해도 마음속으로 칭찬한 사람을 비웃고, 비난을 받아도 변명하지 않 5

는다. 그리고 마치 아픈 사람처럼 회복된 부분이 굳을 때까지 다치지 않도록 조심하며 주위를 돌아다닌다.[1]

§3. 자신에게서 모든 욕구를 배제하고, 우리에게 달려 있는 것들 가운데 자연에 어긋나는 것만을 회피 대상으로 삼는다. 모든 것에 관련해서 충동을 적당히 억제한다.[2] 사람들이 그를 어리석거나 무지하다고 생각할지언정, 전혀 개의치 않는다. 한마디로 말해서, 그는 적이나 배신자를 대하듯 자신을 감시하는 것이다.

제49장 | 이론보다는 실천을 보여라

누군가가 크뤼시포스의 책들을 이해하고 해석할 수 있다고 떠벌릴 때는, 너 자신에게 이렇게 말하라. '만일 크뤼시포스가 불명료하게 쓰지 않았다면, 이 사람은 떠벌릴 만한 어떤

---

1 질병에서 나아지는 사람과의 유비는 결국 '지혜로운 사람은 만사에 안전을 기하며 조심조심 행동한다'는 것을 말하고 있다.
2 정통 스토아에서는 '욕구'는 일종의 '충동'이다. 충동이 보다 더 일반적 용어이고, 욕구는 논리적으로는 충동에 종속된다. 그러나 에픽테토스에게는 욕구와 충동이 서로 동등한 지위를 가진다. 충동은 늘 '좋음'을 목표로 한다.

것도 없을 것이다.'[3]

나는 무엇을 바라는 것일까? 자연 본성을 배우는 것과 이에 따르는 것이다. 그러므로 나는 그것을 나에게 해석해 줄 수 있는 사람이 누구인지를 찾고 있으며, 그것이 크뤼시포스라고 하면, 나는 그에게로 갈 것이다. 하지만 나는 그가 쓴 것을 이해하지 못하고 있다. 그래서 나는 그것을 나에게 해석해 줄 수 있는 사람을 찾는 것이다. 거기까지는 아직 내세울 만한 게 없다. 그렇지만 해석해 줄 수 있는 사람을 찾는 것은, 거기서 권유받은 것을 실천에 옮기는 것이 남아 있어, 바로 이를 실천하는 것만이 내세울 만한 일이 된다.

하지만 이 해석에만 감탄한다면, 나는 철학자가 아니라, 다름 아닌 문법학자[4]가 된 셈인가? 단 호메로스가 아니라, 크뤼시포스를 해석한다는 얘기다.[5] 그렇기에 누군가가 나

3 제1권 제17장 16절 아래 참조.
4 여기서 문법은 '읽고, 쓰고, 독해하는 능력' 일반을 포함한다.
5 만일 내가 크뤼시포스의 철학적 이론을 해석하는 것을 과시하면서 찬양한다면, 내가 한 일이라는 것은 그저 그의 철학에 대해서 해석하는 문법학자(혹은 문헌학자)에 불과할 뿐이다. 단 그 차이라는 것은 문법학자가 관심을 가지는 호메로스의 시에 대해서가 아니라 크뤼시포스의 책이라는 것뿐이다.

에게 '제발 크뤼시포스를 해석해 주세요'라고 말할 때, 내 행동을 그의 말과 일치되고 조화되는 것으로 보여 주지 못하면 자랑하기는커녕 얼굴을 붉히게 된다.

제50장 | 철학 이론에 충실하라

제시된 그러한 원리들[6]은, 만일 어긴다면 이를 모독(冒瀆)[7]하는 것이라고 생각하고, 국법처럼 준수하라. 누군가 너에 관해 무슨 말을 하든 뒤돌아볼 필요가 없다. 그것은 더 이상 너의 일이 아니기 때문이다.

제51장 | '지금'이 결단의 시점이다. '소크라테스가 되어라'

§1. 너 자신을 최선의 것으로 간주하고 어떤 일에 있어서도 결정을 내리는 이성[8]에 어긋나지 않도록 하는 것을 언제까지 미루고 있는가? 너는 네가 동의해야만 할 철학 이론을

---

6   즉 철학자로 나아가는 스토아의 삶의 원리들(지침들). 다른 사본은 '이성
    에 의해 세워진 구별들'(ton diairounta logon)로 되어 있다.
7   원어인 asebēia.
8   이성에 따른 명령 내지는 준칙들(ton hairounta logon).

들고 또 그것들에 동의했다.[9]

그런데도 어떤 교사를 기다리고 있고, 그 사람이 올 때까지 자신을 개선하는 것[10]을 미루려고 하는가? 너는 더 이상 청년[11]이 아니라, 이미 완전한 어른이다. 만일 네가 지금 자신을 등한시하고 나태하며, 언제나 미루고 또 미루기만 해서,[12] 자신을 돌보려고 하는 날을 정하고는 또 다른 날을 하는 것이라면, 너는 진보하지 않았다는 것을 깨닫지 못하고 평범한 사람으로 계속 살다가 죽게 되는 것이다.

§2. 그래서 지금이야말로 자신을 어른으로서, 진보하고 있는 자로서 살아갈 가치가 있는 자로 여기는 것이다. 그리고 너에게 최선이라고 생각되는 것은 모두 불가침의 법이라고 하자.

9   hois edei se sumballein, kai sumbeblēkas. 원래의 의미가 무엇인지 이해하기 어려운데, G. Boster는 텍스트의 끊어 읽기를 달리해서 '철학적 원리들을 받아들여서, 너와 대화했던 사람들과 대화했다'(hois edei sumballein sumbebkēkas)로 옮기기도 한다. 여기서 옮긴이는 Loeb 판의 텍스트 읽기를 선택했다.

10   epanorthōsis는 '도덕적 함양'과 삶의 자세 개선과 교정을 가리킨다.

11   anēr는 20세 전후의 청년들을 가리킨다.

12   hupertheseis ex hupertheseōn으로 읽는다. 다른 사본에는 '구실(목적)에 구실을 거듭해서'(protheseis ek protheseōs)로 되어 있다.

만일 힘든 일이나 즐거운 일, 명예로운 일이나 불명예스러운 일이 닥치면, 지금이야말로 경기가, 올림피아 경기가 시작된 것이니, 이제 더 이상 한순간도 미루는 것이 가능하지 않다는 것과[13] 단 한 번의 패배로서 또 굴복한 그 시점에서[14] 그 (도덕적) 진보를 망치거나 구원받을 수 있다는 것을 기억하라.

§3. 그리하여 소크라테스는 자신이 마주치는 모든 것에 대해 이성 이외의 어떤 것에도 주목하지 않고 그 자신을 이끌어 감으로써, 소크라테스는 이러한 방식으로 완성의 경지에 이르렀던 것이다. 비록 네가 아직은 소크라테스가 아니라고 할지라도, 소크라테스이길 바라는 사람으로 살아야 한다.[15]

13 hoti 대신에 eti(게다가)로 읽는 사본도 있다.

14 para mian hēttan kai endisin 대신에 para mian hēmeran kai hen pragma(한 날과 한 행위에 의해)로 읽는 사본도 있다(Loeb 참조).

15 이 장은 『엥케이리디온』 전체에 대해 발췌하고 요약하는 장으로 간주될 수 있다. 소크라테스는 에픽테토스 자신이 평생을 두고 사표로 삼았던 철학자이다. 소크라테스의 가장 중요한 삶의 원칙인 '혼의 돌봄'(epimeleia tēs psuchēs)과 '검토하는 삶'을 강조하면서 철학을 했던 에픽테토스는 이런 말을 권고하고 있다. "소크라테스는 우리에게 검토되지 않는 삶(anexetaston bion)을 살지 말 것을 말하곤 하였다"(제1권 제26장

제52장 | 중요한 것은 철학 이론의 논증이 아니라 실천이다

§1. 철학에서 첫 번째의, 그리고 가장 필요한 영역[16]은 철학 이론의 실천에 관한 것이다. 예를 들면, '거짓말을 하지 말아야 한다'는 것이다. 두 번째는 논증들에 관련된 것이다. 예를 들면, '왜 거짓말을 하지 말아야만 하는가?'이다. 세 번째는 이 두 가지를 확증하고 명확히 드러내는 것이다. 예를 들면, '이것이 왜 논증인가?'[17], '논증이란 무엇인가', '논리적 결론이 무엇인가', '모순[18]이란 무엇인가', '참이란 무엇인가', '거짓이란 무엇인가' 하는 것이다.

§2. 그렇기에 세 번째 영역은 두 번째 영역을 위해서 필요하고, 두 번째 영역은 첫 번째 영역을 위해서 필요하지만,

---

17~18절).

16 topos는 '주제' 혹은 '분야'로도 옮길 수 있다.

17 여기서 철학을 세 영역으로 나누는 구분은 전통적인 철학의 세 부분, 즉 논리학, 윤리학, 자연학의 구분이 아니다. 물론 여기서 세 번째의 영역은 명백히 (형식) 논리학을 말한다. 에픽테토스는 실천철학보다 논리학에 매달리지 말 것을 주문하고 있다. 철학의 영역을 셋으로 나누는 것에 대해서는 제 3권 제2장 1~6절 참조. 여기기(3.2.6)에서는 첫 번째 영역을 중요하게 다루지 않는 '당대의 철학자들'(hoi nun philosophoi)을 비판하고 있다. 그 밖에도 3.26.15~17, 1.17.6~9 참조.

18 즉 논리적 불일치.

가장 필요하고, 거기에 머물러야 할[19] 것은 첫 번째 영역이다. 그러나 우리로 말한다면[20] 그 반대를 행하고 있다. 왜냐하면 우리는 세 번째 영역에 시간을 낭비하고, 또 우리의 열의는 모두 그것을 향해 있고, 첫 번째 영역을 완전히 등한시하고 있기 때문이다. 즉 우리는 실제로 거짓말을 하면서도, 거짓말을 해서는 안 된다는 것에 대한 논증을 자기 것으로 하고 있는 셈이다.

제53장 | 명심해 둬야 할 명제들

§1. 모든 경우에서 아래의 말을 자신의 것으로 해 두지 않으면 안 된다.

'나를 이끄소서, 오 제우스신이여, 당신, 운명의 신이시여, 당신이 나에게 정해 주신 그 어느 곳이라도 가도록.

19 문자 그대로의 의미는 '멈춰 서는 곳'(anapauesthai)을 의미한다. 즉 근거하는 것. 이 대목에서 사용된 말들은 모두 기술적인 논리적 용어들(logical terms)이다. 에픽테토스는 으레 학생들이 논리학을 공부한 것으로 전제하고 논리적 용어들을 사용한다. 물론 그는 논리적 지식보다는 철학적 원리들의 실천에 더 관심을 가진다.
20 에픽테토스는 제외된다.

나는 주저 없이 따르겠나이다. 하지만 원하지 않는다고 해도,
나쁜 자가 되어도, 그럼에도 다름없이 따르겠나이다.'**21**   5

21 클레안테스(기원전 331~232년)의 시에서 따온 시이다(Von Arnim, *Stoicorum Veterum Fragmenta*, Ⅰ.「단편」527). 클레안테스는 아소스 출신으로 스토아학파의 창시자인 제논의 제자였다.『제우스 찬가』라는 긴 단편 시가 전해진다. 우리는 이 시를 통해 스토아학파의 자연학에 대한 생각을 엿볼 수 있다. 원래의 시행을 보존하면서 번역했다. 의미상으로는 "하지만 나쁘게 되었기 때문에, 내가 원하지 않는다고 해도…"로 읽힌다. 제2권 제23장 42절에는 '오, 제우스신이여, 운명의 신이시여, 당신이 나를 이끄소서'라는 시 구절이 나온다(3.22.95). 시(詩)의 1행과 2행은 제4권 제1장 131절에도 나온다. 세네카는 클레안테스 시행에 뒤이어 'Ducunt volentem fata, nolentem trahunt'(운명은 순순히 따르는 자를 이끌고, 순순히 따르지 않는 자를 끌고 간다)라고 읊고 있는데(『도덕 서한』107.10~11), 세네카가 이 시구들에 이어 자신이 덧붙인 것으로 추정할 수 있다. 세네카가 자신의 논의의 배경으로 깔고 있는 클레안테스의 시를 옮겨 본다(B. Inwood, *Reading Seneca*, 2005, 158쪽 참조). 이 시는 기꺼이 '운명'(fata)을 받아들이라는 자신의 논증으로 사용되고 있다.

"고결한 하늘의 아버지, 주재자시여, 이끄소서.
당신이 원하시는 어디라도, 나는 주저 없이 복종하겠나이다.
나는 기꺼이 또 간절히 그렇겠나이다. 내가 순순히 원하지 않는다 해도,
번민하면서 따르겠나이다, 나의 나쁨에도
좋은 사람으로 행할 수 있었던 것을 억지로라도 하게 될 것입니다.
운명은 순순히 따르는 자를 이끌고, 순순히 따르지 않는 자를 끌고 가나이다."

§2. '필연의 힘에 잘 따르는 사람은 누구든지 우리들 사이에 지혜로운 사람이고, 또 그는 신적인 것들을 아는 자입니다.'[22]

§3. '허나, 크리톤이여, 이렇게 하는 것이 신들을 기쁘게 하는 것이라면, 그렇게 되기를 바란다.'[23]

§4. '아뉘토스와 멜레토스가 나를 죽일 수는 있지만, 그러나 어떤 해도 내게 끼칠 수는 없을 것이네.'[24]

"하지만 내가 원하지 않는다 해도/ 나쁘게 되었기 때문에/ 그럼에도 다름없이 이를 따르겠습니다(ouden hētton hepsomai)"라는 시구 해석에 대해서는 S. Bobzien(*Determinism and Freedom in Stoic Philosophy*, Oxford, 1998)의 pp. 348~349 참조. 어떤 의미일까? 알 수 없는 노릇이긴 하지만, "따르기를 원하든 원하지 않든 간에 그것이 운명지어져 있다는 것일까?" 보편적 숙명론인가? 그러면 에픽테토스가 이 말을 인용한 의도는 무엇일까? 우리에게 달려 있는 것만이 우리의 선택에 따르니, 우리에게 달려 있지 않은 것들은 인간의 선택을 넘어서는 것이니, 그대로 달갑게 받아들인 채로 순응하라는 것인가?

22 에우리피데스, 『단편』965.
23 제1권 제29장 19절. 플라톤, 『크리톤』43D 참조. 소크라테스가 한 말을 조금 다르게 변형시킨 표현이다.
24 제1권 제29장 18절. 플라톤, 『변명』30C~D 참조. 이 구절 역시 소크라테스가 하는 말로서 조금 다르게 변형시킨 표현이다. 아뉘토스는 멜레토스와 더불어 소크라테스를 고발한 장본인으로, 펠로폰네소스 전쟁(431~404년) 이후 정권을 잡은 민주파의 지도자로서 제화업자였다.

단편

단편

단편 1[1] | 에픽테토스의 제자 아리아노스의 말에서

'존재'의 문제에 대해 바쁜 사람에 대해서[2]

에픽테토스는 이렇게 말한다. 존재하는 것이 원자든, 불가

---

1 스토아 철학의 세 가지 영역(논리학, 윤리학, 자연학)을 연구하는 궁극적
   인 목적이 윤리적 성격을 향상시키는 것이라는 주장은 특히 논리학과 관련
   한 에픽테토스의 공통 주제이다(『강의』 제2권 제23장, 제3권 제2장). 여기
   서 이례적으로 이 구절의 첫 부분은 자연학에 관한 것이다. 우주가 원자로
   이루어져 있든(에피쿠로스적 관점) 또는 요소(스토아적 관점)로 이루어져
   있든, 우리는 여전히 스토아적 윤리 원칙에 전념할 수 있다는 생각은 마르
   쿠스 아우렐리우스의 『자기 자신에게 이르는 것들』(제4장 3, 제10권 6, 제
   12권 14)에서 때때로 재언급되고 있다.
2 이 마지막 말은 Wachsmuth가 보충했다.

분의 것[3]이든, 불이나 흙으로 구성되든 간에 나와 무슨 관련이 있을까? 오히려 좋음과 나쁨의 본질을 배우고, 욕구나 회피나 충동이나 반발('행위하지 않는 충동')의 적절한 한도를 배워, 이를테면 이것들을 기준으로 삼음으로써 우리의 삶과 관련된 일을 관리하고, 우리의 힘을 넘어선 것은 버려두는 것으로 충분하지 않을까? 후자는 인간의 정신에 따라서 파악할 수 없고, 설령 사람이 그것들을 최대한 포착해낼 수 있는 것이라고 생각하더라도, 그 파악된 것이 무슨 소용이 있겠는가? 그런 것들을 철학자의 논의에서 필요한 것으로 간주하는 무리들은 쓸데없는 짓을 하고 있다고 말해야만 하지 않을까? 그렇다면 델포이에 있는 '너 자신을 알라'라는 잠언도 쓸데없는 것이 될 것인가? '그렇지 않습니다'라고 그 사람은 대답한다. 그렇다면 그 잠언이 의미하는 것은 무엇인가? 누군가가 합창대원들에게 '너 자신을 알라'라고 권하면, 그 사람은 합창 동료들에게 그들과 장단을

---

3 '불가분한 것들'(amerōn, amerēs)이라면 앞의 '원자들'(atomōn)과 같은 의미가 되므로 '동질 부분적인 것'(homoiomerē)으로 고치기도 한다 (Gesner). 원자는 데모크리토스 등의 원자론자가 주장하는 만물의 기본 요소이고, '동질 부분적인 것'은 아낙사고라스가 주장하는 기본 요소이다.

맞추도록 하고, 그 지시에 주의를 기울여야 하는 것이 아닐까? '맞아요.' 그러면 뱃사람의 경우는 어떨까? 병사의 경우는 어떨까? 인간은 자기 하나만을 믿고 살아가는 동물인가, 아니면 공동체를 위해 사는 것인가? '공동체를 위해서요.' 무엇 때문에 그런가. '자연을 위해서입니다.' 자연이란 무엇이며, 어떻게 전체(우주)를 통괄하고 있는지, 자연은 존재하는지 어떤지,[4] 이런 문제에는 더 이상 바쁠[5] 필요가 없는 것인가?[6] ──스토바이오스,[7] 『발췌록』 제2권 1, 13

---

4 뭔가가 탈락되어 있는 것으로 보이는데, '자연은 존재하는지'를 묻는 것이 에픽테토스에게 어떤 의미인지도 불확실하다. 롱(A. A. Long)은 '자연을 〈알 수〉 있는지 어떤지'로 이해한다(p. 150) 반스(J. Barns)는 이 단편의 전반부는 학생에 의해 말해진 것으로 파악하고, 에픽테토스가 그에 대해 심각하게 답하는 것으로 이해한다. '에픽테토스가 자연철학의 옹호자였다'라는 반스의 주장은 설득력이 없어 보인다는 롱의 견해가 옳아 보인다(J. Barns, 1997, pp. 25~27; A. A. Long[2002], p. 150, n.7 참조).

5 즉 '성가시게'.

6 롱(A.A.Long)의 지적에 따라 진술의 문장이 아니라, 수사적 의문문으로 읽었다.

7 4~5세기경 사람으로 헬라스 작가의 작품을 정리하고 아들을 위해 자연학, 도덕에 관한 '발췌집'을 엮었다. 『발췌집』(전4권, Eklogōn, apophthegmatōn, hupothēkōn biblia tessara)에는 호메로스로부터 500명 이상의 작품에서 발췌한 것이 수록되어 있다.

단편 2 | 에픽테토스의 제자 아리아노스의 말에서

현재 어떤 것이나, 운에 의해 주어지는 것에 불만을 가진 사람은 인생에서의 일반인[8]이지만, 그것들을 당당히 견디고, 그 결과도 현명하게 견디는 사람은 뛰어난 인물로 간주될 만하다. ──스토바이오스, 『발췌록』 제4권 44.65

단편 3[9] | 동일한 사람의 말에서

만물은──대지도, 바다도, 태양도, 그 밖의 별들도, 지상의 동식물도──우주(질서)[10]를 따르며 섬기고 있다. 우리의 몸도 우주에 따르며, 우주가 원하면 병에 걸리고, 건강해지고,

---

8   원어인 idiōtēs는 비전문가로 보통 사람을 가리키지만, 여기서는 철학에 소양이 없는 일반인을 가리킨다.

9   윤리적 진보는 부분적으로 우주에 구축된 종류의 질서와 합리성을 우리 자신 안에 만들어 냄으로써 우리의 소망과 결정을 우주와 일치시키는 것으로 이해될 수 있다는 생각은 스토아학파의 중심 주제이다(LS 63 C[3~4]). 마르쿠스 아우렐리우스는 이 주제를 자주 다시 언급한다(『자기 자신에게 이르는 것들』 제2권 16, 제3권 5, 제4권 4). 에픽테토스는 대개는 이와 관련하여 우주보다는 '신'을 지칭한다(『강의』 제1권 제14장, 제1권 제16장 참조). 『단편』 4와 6의 후반부도 참조.

10 여기서 말하는 우주(코스모스)는 신과 동일하다. 제1권 제14장 115절 참조.

젊어지고, 늙고, 그 밖의 변화를 겪는 것이다. 따라서 우리의 힘이 미치는 것, 즉 우리의 판단이 우주에 저항하는 유일한 것이 아니라는 것은 이치에 맞다. 우주는 강하고, 우리보다 우월하며, 우리를 위해 잘 생각하고 만물과 함께 우리를 지배하기 때문이다. 이것에 더해서, 이를 거스르는 행동은 불합리할 뿐만 아니라, 쓸데없이 혼란스럽고 속상할 수밖에 없는 것이다. ─스토바이오스, 『발췌록』 제4권 44, 66

단편 4 | 에픽테토스의 책에 있는 친애에 관한 루푸스의 말에서

신은 존재하는 것들 가운데 어떤 것은 우리의 힘이 미치는 것으로, 다른 어떤 것은 우리의 힘이 미치지 못하는 것으로 정했다. 우리의 힘이 미치는 것에는 가장 아름답고 가장 뛰어난 것─그것에 의해서 신 자신도 행복한 것이다─즉 인상의 사용이라는 것이 놓여 있다. 그 사용이 올바르게 이루어진다면 자유롭고, 순조롭고, 즐겁고, 평온하며, 또한 그것은 정의롭고, 법이며, 절제이며, 모든 덕이기 때문이다. 그러나 신은 나머지 모든 것을 우리의 힘이 미치지 않는 것으로 하셨다. 따라서 우리도 신과 보조를 맞추어 사물을 이렇게 구별하여 우리의 힘이 미치는 것은 모든 방식으로 추

구하고, 우리의 힘이 미치지 못하는 것은 우주에 맡겨야 하는 것이다. 그리고 우주가 요구하는 것이 아이든, 조국이든, 몸이든, 다른 것이든 기꺼이 맡겨야 하는 것이다. ─스토바이오스, 『발췌록』 제2권 8, 30(무소니우스 루푸스, 『단편』 38)

단편 5 | 에픽테토스의 책에 있는 친애에 관한 루푸스의 말에서

라케다이모니아인인 뤼쿠르고스[11]의 말에 감탄하지 않는 자가 우리 중에 누가 있겠는가? 그는 어떤 시민 때문에 한쪽 눈을 훼손당했을 때, 자신이 원하는 대로 처벌하도록 민중에게서 그 젊은이를 넘겨받았지만, 그 젊은이를 처벌하기는커녕, 오히려 그를 교육하고 뛰어난 사람으로 만들어 극장에 데려간 것이다. 라케다이모니아인들이 놀라움을 표시했을 때, 그는 "내가 여러분으로부터 이 남자를 오만하고 난폭한 사람으로 받아들였지만, 나는 훌륭한 사람이자 공적인 정신을 가진 사람으로 너희에게 돌려주는 것이네"라고 말했다. ─스토바이오스, 『발췌록』 제3권 19, 13(무소니우스 루

---

11 뤼쿠르고스는 스파르타 헌법의 전설적인 창시자였으며, 이 헌법은 안정성과 성품 훈련에 중점을 둔 것으로 고대 철학자들에게 널리 찬사를 받았다.

푸스, 『단편』39)

단편 6[12] | 에픽테토스의 책에 있는 친애에 관한 루푸스의 말에서

그러나 특히 자연의 작용이라고 할 수 있는 것은 충동을 적

합하거나 유익한 것의 인상과 연결시켜 조화하는 것이다.

──스토바이오스, 『발췌록』 제3권 19.13(무소니우스 루푸스, 『단편』

40)

단편 7 | 같은 저자의 말에서

우리가 처음 만나는 적을 온갖 수단을 동원해 해치지 않는

다면, 남들로부터 쉽게 경멸을 받을 것이라고 생각하는 것

은 대단히 천박하고 어리석은 인간이 하는 일이다. 왜냐하

면 우리가 남에게 경멸받는 인간으로 간주되는 것은 그 사

람이 상대방에게 해를 끼칠 수 없다는 점 때문이 아니라, 오

히려 남에게 도움이 되는 일을 할 수 없다는 점이기 때문이

다. ──스토바이오스, 『발췌록』 제3권 20, 61(무소니우스 루푸스, 『단

편』41)

12 단편 3 참조.

단편 8[13] | 에픽테토스의 책에 있는 친애에 관한 루푸스의 말에서

우주의 자연 본성이란 이런 것이었고, 지금도 있고, 앞으로도 있을 것이다. 또, 생성하는 것이 지금 있는 것과 다른 방식으로 생성하는 일은 있을 수 없다. 그리고 이 운동 변화의 과정에 관여하고 있는 것은 인간이나 다른 지상의 생물뿐만 아니라 신성들도 그렇고, 제우스에 맹세코 네 가지 기본 요소 자체도 위아래로 모습을 바꾸고 변화하여 흙은 물이 되고, 물은 공기가 되고, 공기는 더욱 아이테르(상층의 공기)로 변화한다. 이런 변화의 과정은 위에서 아래로 내려갈 수도 있다. 만일 사람들이 이러한 것들에 마음을 돌리고, 필연적으로 일어나는 일을 자신의 의지로 받아들이도록 스스로를 설득하려 한다면, 그 사람은 지극히 적절하고 조화로운 삶을 살게 될 것이다. ──스토바이오스, 『발췌록』 제4권 44, 60(무소니우스 루푸스, 『단편』 42)

---

13 인간을 포함하여 우주가 네 가지 요소로 구성되어 있으며, 모든 것이 이러한 요소로 변형되고 요소가 서로 변환된다는 스토아학파의 생각은 LS 47 참조. 『강의』 제3권 제13장 15절 참조. 이 주제는 마르쿠스 아우렐리우스에 의해 자주 다시 언급된다(『자기 자신에게 이르는 것들』 제2권 3, 제10권 7, 제11권 20 참조).

단편 9[14]

스토아학파의 저명한 철학자가 […] 자신의 작은 보따리에서 철학자 에픽테토스의 『강의』 제5권을 꺼냈다.[15] 이 책은 아리아노스가 편집한 것으로 제논이나 크뤼시포스가 저술한 것과 일치한다는 것은 의심의 여지가 없다. 당연히 헬라스어로 쓰여진 이 책 가운데 다음과 같은 글을 읽을 수 있다.

인상——철학자들은 이것을 판타시아(phantasia)라고 부

---

14 이 단편은 2세기 작가 A. 겔리우스(Aulus Gellius, 19.1.14~21)가 『아리아노스의 에픽테토스 강의』의 지금은 상실된 제5권의 일부를 요약한 것으로 제시되었다. 여기에서 헬라스어(Gellius에 의해 번역됨)로 인용된 문구는 실제 인용문이다. 이 구절은 또한 아우구스티누스의 『신국론』 9.4(9.5 참조, *Quaest. in Heptat.* 1.30)에서도 인용된다. 이 구절은 스토아학파의 '선감정'에 대한 중요한 증거이며 그 일부는 LS 65 Y를 형성한다. '인상'과 '승인'에 대해서는 『에픽테토스 강의 1·2』(그린비, 2023)에 있는 '해제'를 참조. '선감정'(완전한 의미에서, '감정'이 되지 않는 비자발적 반응)에 대해서는 LS 65 X 참조. 현명한 사람은 그러한 외적 사태가 시재적(時在的) 의미에서 '나쁜' 것이 아님을 알기 때문에, 이러한 인상에 '승인'하지 않는다. 현명한 사람의 '좋은 감정'에 대해서는 LS 65 F, W 참조. M. R. Graver, *Stoicism and Emotion*, Chicago, 2007, 제2장, 제4장 참조.

15 포티오스에 따르면(codex.58), 에픽테토스의 『강의』는 모두 여덟 권의 책으로 되어 있다. 현존하는 것은 4권뿐이다. 또한 책 제목도 『디아트리바이』가 아니라 『디알렉세이스』로 되어 있다. 『강의』의 책 제목과 권수에 관해서는 『에픽테토스 강의 1·2』(그린비, 2023)에 있는 '해제' 참조.

른다─은, 그로 인해 인간의 지성이 처음 그것을 본 바로 그때, 마음에 생긴 것에 의해서 자극을 받지만, 의지에 종속되는 것도 자신의 힘에 종속되는 것도 아니며, 오히려 인상 자체의 어떤 힘에 의해서, 인간의 마음에 들어와 인식된다. 그러나 승인─그들은 이것을 쉰카타테시스(sugkatatheseis)라고 부른다─은 그에 따라 인상이 같은 것으로 인식되는데, 의지에 종속되며 인간의 통제하에 있게 된다.[16] 그러므로 뭔가 무서운 소리가 하늘로부터, 혹은 건물의 붕괴로 인해 생긴다든가, 갑자기 뭔가 위험한 소식이 있다든가, 아니면 그 밖에도 그러한 일이 일어날 때는 현자의 마음도 한동안은 반드시 흔들리거나 경외하거나 파랗게 변하기 마련인데, 그것은 뭔가 나쁜 것을 예감해서가 아니라 오히려 지성이나 이성에 앞서가는 무언가 급격히 예상치 못한 마음의 움직임이 있기 때문이다. 그러나 곧 현자는 '이러한 판타시아'(tas toiautas phantasias)(즉, 그의 마음에 두려움을 안겨 준 인상)에 승인하지 않고, 즉 승인하지도 않고 시인하지도 않는다. 오히려 이를 물리치고, 격퇴

16 즉 의지에 따른 것이며, 인간의 임의적 자유가 된다.

하고, 그 안에 뭔가 두려워할 것이 있다고 생각하지 않는다. 그리고 이것이 현자의 마음과 어리석은 자의 마음이 다르다는 점이고, 어리석은 자는 처음에 자신의 마음에는 야만적이고, 가혹해 보이는 듯한 인상을 받으면 실제로 그런 것이라고 생각하고, 스스로 승인하여 이를 시인한다(kai prosepidoxazei). 이것은 스토아학파가 이런 문제를 다룰 때 쓰는 말이다. 한편, 현자 쪽은 한동안은 그 얼굴빛이나 표정이 약간 변화해도 승인하지는 않는다(ou sunkatatithetai). 오히려 이런 인상은 조금도 두려워할 만한 것이 없고, 단지 거짓 겉모습과 허울뿐인 공포심으로 부채질하고 있을 뿐이라며 늘 간직하고 있는 태도나 신념의 강도를 잃지 않는다.

이것이 철학자 에픽테토스가 스토아학파의 교설을 바탕으로 생각하고 말한 것이며, 앞서 든 책 중에서 읽히는 것이다. ─A. 겔리우스, 『아티카의 밤』 제19권 1, 14~21

단편 10

철학자 에픽테토스가 했다는 말을, 나는 파보리누스[17]에게

---

17 파보리누스(Favorinus)는 갈리아 지방의 아렐라테(현 아를) 출신의 두 번

서 들었다. 대부분의 철학자들은 철학을 하는 것처럼 보여도 '말이 있어도, 행동이 없다'(aneu tou prattein, mechri tou legein), 즉 말할 뿐 행동을 수반하지 않는다는 뜻이다.

더욱이 아리아노스가 그의 『담론』(dissertationes)에 대해 정리한 책에는 그의 보다 힘찬 말이 남아 있다. 아리아노스가 이렇게 말했다. 부끄러운 줄 아는 마음을 잃고, 엉뚱한 일에 열중하고, 성격도 타락하고, 막무가내로, 말솜씨만 있고, 마음만 빼고 다른 어떤 일에 전념하는 인간을 에픽테토스가 발견했을 때는, 혹은 철학 공부나 연구에 종사하거나, 자연학에 종사하거나, 문답법에 생각을 돌리거나, 이런 종류의 많은 이론을 다루며 골머리를 앓는 사람을 볼 때는 증인으로 신들과 사람들의 이름을 부르며, 종종 이렇게 호소하는 것이다.

'인간아, 너는 그것들을 어디에다 넣느냐. 그 용기가 깨끗한지 알아 보라, 자만심 속에 넣으면 없어질 거야. 썩어 버리면, 오줌으로 되거나 신 술이 되어 버리거나, 아니면 더

째 소피스트 운동(하드리아누스 황제) 기간에 활동한 소피스트요, 아카데미아적 회의주의적 철학자(80~150년경)였다. 단편 10은 헬라스어와 라틴어를 혼용하고 있다.

심해질 수도 있네.' 참으로 이 말보다 무겁고 진실한 것은 없다. 이에 따라 철학자 중에서도 가장 위대한 이 사람[에픽테토스]은 철학 문서나 교설이 마치 불순하고 더러운 통처럼, 부실하고 열등한 인간 속으로 흘러들어 가는 일이 있으면, 열화되고 변형되어, 그 자신이 사용하는 '더 퀴니코스적인[18] 말'(kunikōteron)로 하면 소변이 되고, 어쩌면 소변보다 더 지저분한 것이 되고 만다고 선언한다.

게다가 이것도 파보리누스로부터 들은 이야기로 에픽테토스가 흔히 하던 말인데, 모든 것 중에서 가장 중대하고 가증스러운 악덕으로 두 가지가 있다고 한다. 즉 참을성이 없는 것과 부절제이다. 참아야 할 난폭한 행위를 견디지 못하고 참을 수 없는 경우이며, 억제해야 할 욕망을 억제할 수 없는 경우이다. 그는 계속해서, '따라서 이 두 말을 마음에 새기고 이를 준수할 것을 스스로에게 부과하고, 감시한다면 대개 나쁜 일을 저지르지 않고 지극히 평온한 삶을 살 수 있을 것'이라고 말한다. 그가 하던 두 마디의 말은 '견뎌라

18 디오게네스 같은 퀴니코스파가 쓰는 표현을 굳이 하면 된다는 뜻.

와 삼가라'(anechou et apechou)[19]는 것이었다. —A. 겔리우
스, 『아티카의 밤』 XVII. 19, 1~6

단편 10a.

아리아노스가 에픽테토스의 말이라고 했듯이, 영혼의 구제
나 우리 자신의 존엄과 관련된 경우에 주저하지 않고 무언
가를 해야 할 일이 있다. —아르노비우스,[20] 『이단논박』 2, 78

단편 11 | 아리아노스의 덕을 권유하는 말로부터

아르케라오스[21]가 소크라테스를 부자로 만들어 주겠다고

19 헬라스어 '아네쿠 아페쿠'로 어조가 좋지만, 나란히 사용되는 예는 없다.
    전자는 『강의』(제2권 제1장 36절, 제3권 제4장 11절, 제26장 7절)에, 후
    자는 『엥케이리디온』 제33장 10에서 볼 수 있다. 오뒷세우스의 말 tetlathi
    dē kradiē(참아라, 나의 심장이여!) 참조(호메로스, 『오뒷세이아』 제20권
    20행). '참고 견디는 것'(anechesthai kai apechethai; 관용과 절제)이란 말
    의 언급은 마르쿠스 아우렐리우스의 『자기 자신에게 이르는 것들』 제5권
    33에도 나온다.
20 북아프리카 시카(El Kef, Tunisia) 출신의 이교도에 반대하는 기독교 호교
    론자로 수사학을 가르쳤다(326경). 원문은 라틴어로 쓰여 있다.
21 아르케라오스(재위 413~399년)는 마케도니아 왕. 헬라스 문화를 애호하
    여 궁정에 많은 저명인사를 모았으나, 소크라테스는 초청에 응하지 않았다
    (아리스토텔레스 『수사학』 제2권 제23장 1398a4, DL 제2권 25 참조).

마중을 보냈는데, 그는 왕에게 되돌아가 다음과 같은 대답을 하라고 지시했다. '아테네에서는 4코이닉스[22] 보릿가루는 1오볼로스로 살 수 있고, 우물에는 물이 흐른다.' 즉 내 소지품이 충분하지 않다고 해도, 나에게는 그것만으로 충분하고, 그런 까닭에 소지품도 나에게는 충분한 분량인 것이다. 아니면, 너는 배우 폴로스[23]가 오이디푸스 왕[24]을 연기하는데, 콜로노스에서 방랑자나 거지인 오이디푸스를 연기하는 것보다 예쁜 목소리로 즐겁게 연기하지 않았다는 것을 모르는가? 더욱이 고귀한 인간(스토아적 현자)은 폴로스에 못지않게 다이몬의 목소리[25]에 의해 할당된 모든 역[26]

22 코이닉스는 약 1.08리터이므로, 4코이닉스라면 약 4.32리터가 된다. 1오볼로스는 헬라스의 화폐 단위로 6분의 1드라크마에 해당한다. 당시 연극 관람료는 2오볼로스로 알려져 있다. 그다지 비싸지 않은 금액이다.

23 아이기나 출신의 폴로스는 지난 4세기의 저명한 비극 배우.

24 테베 왕 오이디푸스는 아버지를 죽이고 어머니와 어울린 사실이 드러나자 테베에서 벗어나 방랑 끝에 종착지인 아테네 근교 콜로노스로 향한다. 이 전설을 그린 것이 소포클레스의 비극『오이디푸스왕』과『콜로노스의 오이디푸스』이다. 두 개의 연극은 소포클레스의 기원전 5세기 연극에서 살아남은 것이다.

25 다이몬의 목소리(daimounion)는 각 사람을 지켜보는 수호령적인 신적 존재. 제3권 제13장 15절 참조.

26 원어는 prosōpon이다. 이 말은 얼굴이나 인격을 의미하지만 (라틴어의

을 훌륭하게 해낼 수 있을까? 그는 또 누더기를 입고도 자주색[27] 외투를 입은 인간 못지않게 빛났던 오뒷세우스[28]를 흉내 내지 않을까? ──스토바이오스, 『발췌록』 제4권 33, 28

단편 12[29] ｜ 아리아노스의 말에서

마음이 넓고, 감정이 심한 사람이 하는 것을 온화하고, 조용히, 말하자면 분노하지 않고 하는 사람들이 있다. 그러므로 이 사람들이 간과하고 있는 점에 대해서는 격렬하게 화내는 사람보다 훨씬 나쁘다고 생각하고 경계해야 한다. 왜냐하면 후자는 곧바로 보복하여 만족하지만, 전자는 단지 미열(微熱)이 있는 사람들처럼 장기간에 걸쳐 그것을 늘리게 되기 때문이다. ──스토바이오스, 『발췌록』 제3권 20, 47

persona에 상당), 연극의 배역을 의미한다. 인생을 연극에 비유하는 예는 『엥케이리디온』 제17장에서도 볼 수 있다.

27 로마에서는 정부 고위 관리들만 자주색 옷을 입었다.

28 호메로스, 『오뒷세이아』 제18권 66행 아래 참조. 오뒷세우스는 14~21권 전반에 걸쳐 누더기로 변장했다.

29 이러한 통제된 분노의 반응은 현명한 사람의 잘못된 감정의 부재 또는 '좋은 감정'과 혼동되어서는 안 된다.

단편 13 | 에픽테토스의 『회상』(apomnēmoneumata)에서

"저는 뛰어나고 훌륭한 사람(스토아적 현자)이 굶주리고 추위로 몸을 망치는 것을 본 적이 있어요"라고 어떤 사람이 말했다. 하지만 자네는 뛰어나지도 않고 훌륭하지도 않은 사람이 사치나 허풍이나 버릇없이 굴어서 신세를 망치는 걸 본 일은 없나? "하지만 다른 사람에게 양육을 받는 것은 부끄러울 일입니다." 안쓰러운 사람일세. 우주[30] 말고 그 밖에 누가 스스로 자신을 부양할까? 사실 나쁜 놈인데, 벌을 받지 않는다거나, 힘이 세다거나, 부자라는 이유로 섭리를 비난하는 사람은 누구나, 그 악인이 눈을 잃어도 손톱이 튼튼한 상태에서 벌을 받지 않고 있다는 것과 비슷한 말을 하는 셈이네. 내 말은, 눈이 손톱보다 뛰어나지만, 덕은 악덕(kakias)[31]보다 훨씬 더 뛰어나다는 것이다. ─스토바이오스, 『발췌록』제1권 3, 50

---

30 앞의 단편 3과 마찬가지로 우주(코스모스)는 신을 가리킨다.
31 사본의 kakias(쉔클) 대신에 소유, 재산(ktēseōs)으로 읽기도 한다.

단편 14³² | 에픽테토스의 『회상』에서

[…]³³ 그들³⁴은 쾌락을 자연 본성적인 것으로 생각하지 않고, 오히려 정의, 절제, 자유와 같은 자연 본성적인 것에 부수되는 것으로 보는 까다로운 철학자들을 중앙으로 끌어내고 있다. 도대체 혼은 어째서 에피쿠로스가 주장하는 것처럼,³⁵ 별로 중요하지 않은 육체적인 좋음의 경우에는 이를 기뻐하고, 온화한 기분이 되는데, 가장 중요한 혼 자신의 좋음의 경우에는 이를 즐기지 않는 것일까? 하지만 자연은 나에게³⁶ 부끄러움을 아는 마음³⁷을 주었다. 내게 뭔가 부끄러운 일을 말하고 있다고 생각할 때, 나는 자주 얼굴을 붉힌

---

32 이 단편은 쾌락(헤도네)에 대한 스토아학파의 생각을 지지한다. 쾌락이 삶의 전체 목표라는 에피쿠로스학파의 주장보다(LS 21) 스토아학파 철학자들을 '까다로운 자로'로 묘사하는 것은 아이러니하다. 여기에 제시된 '쾌락'에 대한 스토아학파의 사상은 일반적으로 '기쁨'으로 특징지어진다(LS 65 F).

33 탈문이 있는 것으로 보인다(쉔클).

34 에피쿠로스학파의 쾌락주의자. 스토아학파의 철학자와 대비되고 있다.

35 에피쿠로스 『단편』 425(Usener).

36 에픽테토스를 가리킨다.

37 원어인 aidōs는 부끄러운 행위에 대한 삼감과 동시에 신적인 것에 대한 경외심을 나타낸다.

다. 이 감정이 있기 때문에, 나는 쾌락을 인생에서 좋음이라든가 목적으로 허락하지 않는 것이다. ―스토바이오스, 『발췌록』제3권 6, 57

단편 15 │ 에픽테토스의 『회상』에서

로마에서는 여성들이 플라톤이 여성공유론을 주장하고 있다는 이유로,[38] 『국가』를 소유하고 있다. 왜냐하면 이들은 이 철인(哲人)의 말에 마음을 돌리기는 했지만, 일부일처 결혼과 동거를 금지하고, 오히려 그런 결혼을 폐지하고 다른 형태의 결혼을 도입함으로써 부인을 공유하는 것이 좋겠다는 플라톤의 진의에는 마음을 돌리지 않고 있기 때문이다. 그리고 일반인들은 자신의 잘못에 대한 변명을 여기서 발견하고 기뻐한다. 그러나 철학이 말하는 것은 손가락

---

38 플라톤, 『국가』제5권(457B~471C)에서는 처자를 공유해야 한다는 논의가 전개되고 있다. 언급된 로마 여성들은 플라톤이 쾌락을 위해 결혼한 사람들 사이의 난잡한 에로틱한 관계를 옹호하고 있다고 생각하는 것으로 보인다. 사실, 그 구절이 지적하듯이, 『국가』제5권에 있는 플라톤의 제안은 정치적인 일에 헌신하기 위해 적어도 지배층인 '수호자' 계급에서 결혼(그리고 사유재산)을 완전히 없애는 것이었다. 따라서 플라톤의 의미에서 '정의로운' 상태를 만든다(457d~464b).

하나라도 아무렇게나 움직여서는[39] 안 된다는 것이다. ―스토바이오스,『발췌록』제3권 6, 58

단편 16 | 에픽테토스의 『회상』에서

매일 같은 말을 하고, 같은 말을 듣고, 동시에 이를 생활에 활용하는 것이 아니라면, 사람이 어떤 판단을 자기 것으로 만드는 것이 쉽지 않다는 것을 알아야 한다. ―스토바이오스,『발췌록』제3권 29, 84

단편 17 | 에픽테토스의 말에서

연회장에 초대받았을 때는 눈앞에 있는 것을 먹는 법이다. 만일 초대받은 사람이 환대해 주는 사람에게 생선이나 과자를 내놓으라고 명령한다면 이상한 놈이라고 생각될 것이

---

39 헤라클레이토스의 추종자인 크라튈로스는 만물이 유전되는 현상에 관해서는 아무것도 진실을 말하지 못한다고 말했다. '같은 강물에 두 번 들어갈 수 없다'는 헤라클레이토스를 비난했다. 여기서는 그가 단지 손가락 머리를 움직일 수 있을 뿐이라고 주장했다는 이야기를 근거로 한다(아리스토텔레스,『형이상학』1010a10~15). 여기서 철학의 교설은 엄밀히 이해되어야 할 것으로("결코 손가락 한 뼘의 너비만큼도 벗어나지 않은 채") 논의하고 있는 제2권 제11장 17절 참조.

다. 이 우주에서도 우리는 주어지지 않은 것을 신들에게 요구하곤 한다. 더구나 신들이 우리에게 준 것은 많다. ─스토바이오스, 『발췌록』 제3권 4, 91

단편 18 | 동일한 사람의 말에서

자신의 힘이 미치지 못하는 것에 큰 자부심을 갖고 있는 사람들은 경사스럽기 짝이 없다고 에픽테토스는 말한다. '나는 너보다 나아. 왜냐하면 나는 땅을 많이 가지고 있지만, 너는 굶어 죽을 것 같으니까'라고 한 사람이 말했다. '나는 집정관을 하고 있다'라고 다른 사람이 말했다. '나는 행정관이다'라고 또 다른 사람이 말했다. '내 머리카락은 곱슬머리야'라고 또 다른 사람이 말했다. 하지만 말(馬)은 다른 말에게 '나는 너보다 나아. 왜냐하면 많은 꼴을 가지고 있고, 보리도 많다. 내 고삐는 황금으로 되어 있고, 안장에는 수가 놓아져 있다'라고 말하지도 않고, 오히려 '나는 너보다 발이 빠르다'라고 말한다. 즉 동물이란 모든 것이 그 고유한 덕과 악덕에 바탕을 두고 더 뛰어나다거나, 더 덜떨어지는 것이다. 그렇다면 인간은 어떤 고유한 덕이 없는 유일한 동물이어서, 그 대신에 머리카락이라든가, 의복이라든

가, 조상이라든가 하는 따위를 봐야 하는 것일까? ──스토바

이오스, 『발췌록』 제3권 4, 92

단편 19 ㅣ 동일한 사람의 말에서

환자는 의사로부터 아무런 조언도 받지 않으면, 기분이 언

짢아져 의사로부터 버려졌다고 생각하는 법인데, 왜 사람

은 철학자에 대해서는 유익한 것을 무엇 하나 자신에게 말

해 주지 않는다면, 철학자에게 버림받고 분별 있는 인간이

될 수 없다고 생각하는 기분이 들지 않는 것일까? ──스토바

이오스, 『발췌록』 제3권 4, 93

단편 20 ㅣ 동일한 사람의 말에서

몸이 건강한 사람은 더위나 추위를 견디기 마련이지만, 그

와 마찬가지로 혼이 양호하게 좋은 상태에 있는 사람도 분

노나 괴로움이나 기쁨, 다른 모든 감정을 견디는 법이다.

──스토바이오스, 『발췌록』 제3권 4, 94

아그리피누스[40]를 칭찬하는 것은 정당한 일이지만, 그것은 그가 매우 가치 있는 사람이면서도 자화자찬하는 일이 한 번도 없었고, 다른 사람이 그를 칭찬한다고 하면 얼굴을 붉혔을 정도라는 이유에서다. 에픽테토스가 말하는 바로는, 그는 자신에게 어려운 일이 생기면 항상 그에 대한 찬사를 쓰는 듯한 인품이었는데, 열병이 들면 열병에 대한, 악평이면 악평에 대한, 추방되면 추방에 대한 찬사를 쓸 수 있는 그런 인물이었다. 또 어떤 때는 점심 식사 준비를 하고 있는데, 누군가가 와서 '네로 황제가 당신을 추방하라고 명했어요'라고 일러 주자, '좋다, 그러면 아리케이아(아리키아)에서 점심을 먹자'고 했다고 한다.[41] ──스토바이오스,『발췌록』제3권 7, 16

---

40 스토아학파인 파코니우스 아그리피누스(제1권 제1장 28절, 제1권 제2장 12절 참조).
41 같은 이야기는 제1권 제1장 28~30절에도 나온다.

단편 22 | 아그리피누스의 말에서[42]

아그리피누스가 총독이 됐을 때,[43] 그에 의해 유죄 판결이
내려진 사람들을 설득하여 그들에게 유죄 판결이 적합하다
는 것을 납득시키려고 했다. 그가 말하길, "그들을 적이나
도적으로서가 아니라, 오히려 간병인이나 보호자처럼 여겨
유죄의 표를 주었기 때문이다. 마치 의사가 수술받는 자의
마음을 누그러뜨리고 자신에게 몸을 맡기도록 설득하는 것
과 같이"[44]. ──스토바이오스, 『발췌록』제4권 7, 44

42 Gaisford와 Asmus에 의해 에픽테토스의 단편에 추가되었지만 W. A.
    Oldfather는 그 관련성을 의심하고 있다.

43 아그리피누스는 클라우디우스 황제(41~54년) 통치에서 크레타와 퀴레나
    이카의 총독(proconsul)을 지냈다. 나중에 원로원 의원으로 네로 황제의 음
    모에 가담해서 재판을 받고 추방되었다. 아리케이아에 있는 그의 땅은 망
    명가는 길에 있었다.

44 처벌을 받는 사람에게 유익한 일종의 준-의술적 치료라는 개념은 플라톤,
    『고르기아스』476a~481b에서 두드러지며, 이 구절의 마지막 문장은 특히
    476d를 떠올리게 한다. 에픽테토스에게 영향력 있는 저작으로서 플라톤의
    『고르기아스』를 논하는 있는 A. A. Long, pp. 70~74 참조.

자연은 놀랍고, 크세노폰이 말하듯이[45] '삶에 대해 애정을 가지고 있다'. 사실 우리는 모든 것 중에서 가장 불쾌하고 부정한 육체를 사랑하고 보살핀다. 닷새라도 이웃의 육체를 돌보아야 한다면 참을 수 없을 것이다. 이른 아침에 일어나 남의 이를 닦아 주거나, 뭔가 부득이한 사정으로 그 사람의 국부(局部)를 씻는 일이 어떤 것인지 생각해 보는 것이 좋다. 매일 이렇게 돌보는 것을 좋아하는 것은 정말 놀라운 일이다. 이 포대[46]를 채우고, 다시 비운다. 이토록 성가신 일이 있을까? 나는 신을 섬기지 않으면 견딜 수 없다. 그래서 나는 이 세상에서 참고 견디면서, 이 비참한 보잘것없는 육체를 씻기고, 먹이고, 보호하고 있는 것이다. 더 젊었을 때, 신은 나에게 다른 것[47]도 부과했지만, 그래도 나는 그것을 또한 견뎌 내고 있었다. 그렇다면 우리에게 육체를 준 자연이 그것을 빼앗을 때에, 어째서 너희는 그것을 견디지 못하는가. "난 이 육체가 좋아요." 누군가가 말한다. 방금 내가

---

45 크세노폰, 『회상』 제1권 제4장 7.

46 배(腹)를 가리킨다.

47 이것은 '성적인 충동'을 말한다.

했던 말인데, 바로 그 사랑한다는 마음을 너에게 준 것도 자연이 아닌가? 그리고 그 동일한 자연이, "자, 그걸 놓아라. 이제 귀찮은 것을 짊어질 일은 없는 것이다"라고 말하고 있다. ──스토바이오스, 『발췌록』 제4권 53, 29

단편 24 | 동일한 사람의 말에서

만일 젊은 나이에 생을 마감하게 되면, 신들을 비난한다. [그럴 나이도 아닌데 목숨을 빼앗기기 때문이다. 또 나이가 들어서 죽지 않아도, 또한 신들을 비난한다.][48] 이제 휴식을 취해야 할 나이인데도 계속해서 보살핌을 받으며 살아가야만 하기 때문이다. 그런데 드디어 죽음이 다가오자, 아직 살기를 바라며 의사를 데리러 가서, 수고를 아끼지 말고 간호해 달라고 부탁하는 것이다. 인간이란 살고 싶지도 않고, 죽고 싶지도 않은 이상한 존재라고 그는 말한다. ──스토바이오스, 『발췌록』 제4권 53, 30

---

48 탈문(lacuna)이 있다. 교정안에 따라 보충해서 읽었다(W. A. Oldfather, p. 468 참조).

단편 25 | 에픽테토스의 말에서

네가 남에게 폭력을 가하고 위협할 때 그 사람에게 자신이 '교화된'[49] 동물이라는 것을 미리 말해 두는 것을 잊지 말라. 그러면 야만적인 일은 아무것도 결코 하지 않고, 평생을 후회하지 않고, 책망받지도 않고 살게 될 것이다. ─스토바이오스,『발췌록』제3권 20, 67

단편 26

너는 시체를 메고 있는 작은 영혼이라고[50] 에픽테토스는 말하곤 했다. ─마르쿠스 아우렐리우스,『자기 자신에게 이르는 것들』제4권 41

단편 27

에픽테토스는 이렇게 말했다. 승인에 관한 기술[51]을 찾아야

---

49 원어는 hēmeros이며 '교화되었다'라는 의미이다. 인간은 교화된 것이라는 생각은 제2권 제10장 14절, 제4권 제1장 121절에도 볼 수 있다.
50 마르쿠스 아우렐리우스의『자기 자신에게 이르는 것들』제9권 24에서도 '시체를 메고 있는 작은 영(生氣, 프네우마)'이라는 비슷한 표현을 하고 있다. 인간의 지도적 부분인 '영혼'에 대해 육체는 시체로 비유되고 있다.
51 인상에 대해 어떤 '승인'을 줄지에 관한 기술.

한다. 또한 충동의 영역에서도 그 충동이 유보를 가지고 행사되도록,[52] 공동체에 이바지하는 것으로, 가치에 상응하는 것이 되도록[53] 주의해야 한다. 더욱이 욕구는 완전히 삼가야 하며, 우리의 힘이 미치지 않는 것에 대해서는 회피를 결코 사용해서는 안 된다. ─마르쿠스 아우렐리우스, 『자기 자신에게 이르는 것들』 제11권 37

단편 28

에픽테토스는 이렇게 말한다. 싸우는 것은 당연한 일이 아니라, 우리가 광기에 빠져 있는지 아닌지의 여부다. ─마르쿠스 아우렐리우스, 『자기 자신에게 이르는 것들』 제11권 38

단편 28a[54]

소크라테스가 이런 문답을 하고 있었다. "너희들은 어느 쪽

---

52 충동의 대상이 실현 불가능한 것이라면 다른 것으로 바꿔도 좋다는 것(이에 대해서는 '해제' 참조).

53 각 사물의 가치에 따라 충동을 느껴야 한다.

54 이 단편은 Leopold(와 Breithaupt) 이래로 에픽테토스의 단편들에 추가되었지만, 마르쿠스 아우렐리우스 책에서 특별히 에픽테토스의 단어로 여겨지지 않으며, 관련성은 낮다고 보아야 한다.

을 바라느냐. 이성적인 삶의 영혼을 갖는 것인가, 아니면 이성적이지 않은 삶의 영혼을 갖는 것인가. 이성적인 영혼을 갖는 것입니다. 어떤 이성적인 삶인가, 건전한가, 열등한 것인가. 건전한 것입니다. 그럼, 왜 너희는 그것을 요구하지 않는가? 이미 가지고 있으니까요. 그러면 왜 너희들은 싸우거나 의견이 다른 것일까?" ──마르쿠스 아우렐리우스, 『자기 자신에게 이르는 것들』 제11권 39

단편 28b[55]

"내가 이런 일을 당하다니, 운이 나쁘구나!" 오히려 "나는 이런 일을 당했는데 고통받지 않고 지내고 있으며, 현재 상황에 짓눌리지도 않고 미래의 고통도 두려워하지 않는다" 라고 말해야 한다. 왜냐하면 이런 일은 모든 사람에게 일어

---

55 이 전체 구절은 마르쿠스 아우렐리우스가 원칙을 자신에게 적용한 두 번째 단락의 처음 두 줄과 그가 그것을 특징적으로 압축하고 요약한 마지막 두 줄을 제외하고는 에픽테토스에서 직접 인용한 것으로 간주된다. 이 구절은 쉔클 판에는 수록되어 있지 않지만, Fränkel(*Philologus*, 1924)이 문장 표현에 있어서 에픽테토스의 것과 유사함을 지적한 이래로 에픽테토스 『단편』에 수록되어 있다.

날 수 있지만, 그렇다고 모든 사람이 고통 없이 지낼 수는 없었을 것이기 때문이다. 그렇다면 어찌 전자가 불운이고, 후자가 좋은 운이라고 할 수 있을까?

어느 쪽이든 인간 자연 본성의 잘못이 아닌 것을 너는 일반적으로 인간의 불운이라고 말할 것인가, 또 인간 자연 본성의 의지에 어긋나지 않는 것을 인간 자연 본성의 잘못이라고 생각할 것인가? 아니, 어떨까? 의지에 대해 너는 배웠을 것이다. 너에게 일어난 일이 네가 정의롭고, 고매한 마음을 가지고, 절도 있고, 사려 깊고, 경솔하지 않으며, 남을 속이지 않으며, 조심스럽고, 자유롭게 되고, 심지어 그것들이 갖추어지면 인간의 자연 본성이 그 고유한 것을 충분히 누리게 되는 그 밖의 성격을 네가 갖는 것을 방해하던가?

앞으로는 어떤 일이든 너를 곤경에 빠뜨릴 일이 있다면, 다음 원칙을 더 잘 사용해야 할 것임을 잊지 말아야 한다. 즉 "그것은 불운이 아니다. 오히려 그것을 고귀하게 견디는 것이야말로 행운인 것이다". ─마르쿠스 아우렐리우스, 『자기 자신에게 이르는 것들』 제4권 49, 2~6

의심스럽거나 위작인 단편들

단편 29 | 에픽테토스의 『엥케이리디온』으로부터[56]

무엇보다도 먼저 생각해야 할 것은 안전이다. 즉 말하는 것보다 침묵하는 것이 안전하다. 무릇 이성이 결여된 비난의 목소리를 그만두는 것이다. ─스토바이오스, 『발췌록』 제3권 35, 10

단편 30 | 에픽테토스의 말에서

배를 하나의 작은 닻에 연결해서는 안 되며, 인생을 하나의 희망으로 연결시켜서도 안 된다. ─스토바이오스, 『발췌록』 제4권 46, 22

단편 31 | 동일한 사람의 말에서

한 발이든 희망이든 가능한 보폭을 알아야 한다. ─스토바이오스, 『발췌록』 제4권 46, 23

---

56 이 단편은 우리에게 전해지는 『엥케이리디온』에서 찾아지지 않는다. 에픽테토스의 말인지 아닌지도 의심스럽다.

단편 32 | 에픽테토스의 말에서

몸을 치유하는 것보다 더 필요한 것은 영혼을 치유하는 것이다. 나쁘게 사는 것보다 죽는 것이 더 낫다. ——스토바이오스, 『발췌록』 제4권 53, 27

단편 33[57] | 동일한 사람의 말에서

쾌락 중 가장 드물게 발생하는 것이 가장 기쁨을 주는 것이다. ——스토바이오스, 『발췌록』 제3권 6, 59(데모크리토스, 단편(DK) 232)

단편 34 | 동일한 사람의 말에서(에픽테토스)

사람이 도를 넘는다면, 가장 기쁜 일이 가장 반갑지 않은 것이다. ——스토바이오스, 『발췌록』 제3권 6, 60(데모크리토스, 단편 [DK] 233)

---

[57] 이 단편들(33~34)은 데모크리토스의 단편으로, 실수로 에픽테토스의 것으로 간주된 것이다.

단편 35[58]

자신을 이겨 낼 수 없는 어떤 사람도 자유로울 수 없다.

——스토바이오스, 『발췌록』 제3권 6, 56

단편 36

진리는 불사하고 영원한 것이다. 진리가 우리에게 주는 것은 시간이 지남에 따라 퇴색되는 아름다움도, 재판에 의해 빼앗기는 언론의 자유(parrēsia)도 아니고, 오히려 정의와 법에 따른 것이며, 부정의를 그것과 구별하고 이를 반박하는 것이다. ——안토니우스 멜리사,[59] 『총람』 제1권 21

---

[58] 이 단편도 실수로 에픽테토스의 것으로 여겨졌는데, 퓌타고라스학파의 잠언으로 생각된다.

[59] 안토니우스 멜리사(Antonius Melissa)는 기독교 교부(11세기경)이다. 멜리사는 '꿀벌'의 의미인데, 그의 저작인 '도덕에 관련된 설교와 문장들'을 수집한 『총람』(Loci Communes)에 애초에 붙여진 명칭인 듯하나 확실한 것은 알 수 없다. 초기 기독교 시절에 에픽테토스의 말에서 다양한 번안본(飜案本)이 만들어졌는데, 이 단편도 그러한 책들에서 인용된 것으로 보인다.

에픽테토스의 생애와 주요 인물 연보

B.C. 399년   에픽테토스의 철학적 모델 중 하나인 소크라테스
의 죽음.

B.C. 324년   에픽테토스의 또 다른 모델인 견유학파 디오게네
스의 죽음.

B.C. 300년   키티온(Citium)의 제논이 아테네에 스토아학파
설립.

A.D. 37년   티베리우스 사망. 칼리굴라 황제 즉위. 네로 탄생.

50년   스토아 철학자 세네카가 네로의 교사가 됨.

50~60년경   에픽테토스가 지금의 터키 남서쪽에 위치한 프뤼
기아 지방의 히에라폴리스에서 노예의 아들로 태
어남.

54년   네로가 로마 황제에 즉위함.

57년   네로가 원로원 의원들과 신하들을 자신의 게임에
참여하도록 명령함.

59년	네로가 자신의 어머니 아그리피나를 살해함.
60년	무소니우스 루푸스가 소아시아 지방으로 유배됨. 에픽테토스는 알려지지 않은 시점에 로마로 오게 되고, 해방노예 출신으로 네로의 청원 비서로서의 권력을 지닌 에파프로디투스의 노예가 됨.
62년	무소니우스 루푸스가 로마로 돌아옴. 세네카가 네로의 고문 지위를 잃음. 네로가 전 부인 옥타비아를 추방하고(나중에 살해됨), 폼페이 출신의 폽파이아 사비나와 결혼함.
65년	무소니우스 루푸스가 다시 귀아로스로 추방당함. 피소가 네로에 맞서 모반을 꾀함. 집정관인 플라우투스 라테라누스가 처형됨. 네로를 어린 시절에 가르쳤던 세네카가 네로 황제로부터 자살을 명받음.
66년	트라세아 파에투스가 자살하도록 명받음.
68년	네로는 황제 자리에서 쫓겨나 자살함. 갈바가 황제가 됨. 무소니우스 루푸스가 로마로 돌아옴.
68~69년경	에픽테토스가 무소니우스 루푸스에게서 공부함. 에파프로디투스가 에픽테토스를 노예에서 해방시켜 주고, 로마에서 철학 교사로서 자리 잡도록 함.
69년	네 명의 황제 시대(갈바, 오토, 비텔리우스, 베스파시아누스) 도래.
70~79년경	무소니우스 루푸스가 다시 어디론가 추방을 당함.

베스파시아누스가 로마에서 모든 철학자를 추방했
지만, 무소니우스는 티투스 황제에 의해 소환됨.

74년 헬비디우스 프리스쿠스가 베스파시아누스에 의해
추방되어 처형됨.

79년 베스파시아누스의 죽음. 티투스가 황제가 됨. 베수
비우스, 폼페이 및 헤르쿨라네움이 화산 폭발로 황
폐화됨. 이후 무소니우스가 로마로 돌아옴.

81년 티투스가 죽고, 도미티아누스가 황제로 즉위함.

85~86년경 그리스 니코폴리스에서 에픽테토스를 만나 에픽테
토스의 '강의'를 듣고 이 책『강의』를 저술하게 되
는 아리아노스가 태어남.

93~95년경 도미티아누스는 철학자들을 이탈리아에서 추방하
는 칙령을 내림. 에픽테토스는 그리스 에피루스의
니코폴리스(오늘날의 프레베자)로 건너가서 그곳
에 학교를 세우고 학생들을 가르치게 됨.

96년 도미티아누스가 암살됨. 네르바가 황제가 됨.

98년 트라이아누스가 황제가 됨.

95~100년경 에픽테토스의 선생이었던 무소니우스 루푸스가
죽음.

107~109년경 아리아노스가 니코폴리스에서 에픽테토스의 가르
침을 받음.

117년 트라이아누스 죽음. 하드리아누스가 황제로 즉위.

알려지지 않은 시기에 하드리아누스가 니코폴리스의 에픽테토스 학교를 방문함.

120년경 늙고 병든 에파프로디투스가 독약을 마시고 자살할 수 있도록 하드리아누스로부터 허락을 받음.

121년 4월 26일 부유한 정치가의 아들로 장차 마르쿠스 아우렐리우스가 될 마르쿠스 안토니우스 베루스가 로마에서 태어남.

135년경 알려지지 않은 시기에 에픽테토스가 불행한 처지에 있던 아이를 입양함. 에픽테토스의 죽음.

138년 하드리아누스가 죽음. 마르쿠스 아우렐리우스의 아버지 안토니누스 피우스가 황제가 됨.

140년 이전 아리아노스가 에픽테토스의 『강의』와 『엥케이리디온』을 작성함.

161년 안토니누스의 죽음. 마르쿠스가 황제가 됨.

532년 이후 신플라톤주의자 심플리키우스가 『엥케이리디온』에 대한 주석을 씀.

7세기경 기독교화된 『엥케이리디온』 버전이 비잔틴 제국에서 배포되고 주석이 달림.

지은이 및 옮긴이 소개

지은이 에픽테토스(Epiktētos, 50?~135) 스토아 윤리학에 강한 영향력을 미친 철학 선생으로, 독자적인 철학자였다. 지금의 아나톨리아 지방의 히에라폴리스에서 노예로 태어난 그는 로마 네로 황제의 비서실장 격인 해방노예 출신 에파프로디토스 소유였다. 주인의 허락 하에 철학자 무소니우스 루푸스 밑에서 공부한 그는 93년 혹은 95년 경, 도미티아누스 황제의 철학자 추방령에 따라 아드리아해 연안의 니코폴리스에 정착해 학교를 연 후 죽을 때까지 학생들을 가르쳤다. 에픽테토스의 학교는 하드리아누스 황제를 포함해서 많은 학생들과 방문객을 받아들일 정도로 아주 매력적이고 유명했다고 한다.

기록자 아리아노스(Arrianos; 라틴명 Lucius Flavius Arrianus, 86? 89?~146? 160?) 흑해 서남쪽 연안 니코메데이아의 부유한 집안 출생. 훗날 정치가로 활동하며 중요한 역사가가 되었다. 18세 무렵인 105~113년 어간에 니코폴리스에서 50세 후반이나 60대 초에 접어든 에픽테토스를 만나 함께 공부한 것으로 여겨진다. 전문 철학가는 아니었으나 역사, 전쟁, 지리지, 사냥 등 여러 분야에 걸친 책을 저술했다. 이로 인해 기원전 4세기 아테네의 크세노폰에 비교될 정도로 유명세를 탔다. 그는 에픽테토스의 윤리학에 관한 비공식 강의이자 대화를 8권으로 기록·출판했는데, 현재 그중 4권과 일부 '단편'이 남아 있다. 이것이 『강의』라는 책이다. 그는 또한 『강의』의 주요 주제에 연관된 내용을 골라 요약하여 '핸드북'(매뉴얼, 편람)을 만들었는데, 이것이 『엥케이리디온』(*Enchiridion*)이다.

옮긴이 김재홍 숭실대학교 철학과 졸업. 같은 대학교 대학원에서 서양고전철학 전공, 「아리스토텔레스의 학문방법론에서의 변증술의 역할에 관한 연구」로 철학박사 학위 취득. 캐나다 토론토대학교 '고중세철학 합동 프로그램'에서 철학 연구(Post-Doc). 가톨릭대학교 인간학연구소 전문연구원, 서울대학교 철학사상연구소 선임연구원 역임. 가톨릭관동대학교 연구교수를 거쳐 전남대 사회통합지원센터 부센터장을 지냈으며, 현재 정암학당 연구원으로 있다.

저서 『그리스 사유의 기원』, 『에픽테토스 '담화록'』, 『왕보다 더 자유로운 삶』 등. 공저 『서양고대철학 2』, 『박홍규 형이상학의 세계』, 『아주 오래된 질문들—고전철학의 새로운 발견』 등. 역서 아리스토텔레스의 『분석론 전서』, 『분석론 후서』, 『토피카』, 『정치학』, 『소피스트적 논박에 대하여』, 『동물의 부분들에 대하여』, 『가정경제학』, 『관상학』, 마르쿠스 아우렐리우스의 『자기 자신에게 이르는 것들』, 테오프라스토스의 『성격의 유형들』, 장 피에르 베르낭의 『그리스 사유의 기원』 등. 공역 『아리스토텔레스 대도덕학』, 『소크라테스 이전 철학자들의 단편 선집』, 브루노 스넬의 『정신의 발견』, 디오게네스 라에르티오스의 『유명한 철학자들의 생애와 사상』 등.